MIRICANVA

" PREFACE "

**IT 실전 워크북 시리즈는 학습하시는 분들이
좀 더 쾌적한 환경에서 손쉽게 배울 수 있도록
체계적인 기획 하에 다음과 같은 특징을 가지고 만든 책입니다.**

❶ 따라하기 형태의 내용 구성

각 기능들을 쉬운 단계부터 시작하여 실습 형태로 따라하면서 자연스럽게 익혀 실무에 활용할 수 있도록 하였습니다.

❷ 풍부하고도 다양한 예제 제공

실무에서 실제로 사용하는 예제 위주 편성으로 인해 학습을 하는데 친밀감이 들도록 하여 학습 효율을 강화시켰습니다.

❸ 베테랑 강사들의 노하우 제공

일선에서 다년간 경험을 쌓으면서 수첩 등에 꼼꼼히 적어놓았던 보물 같은 내용들을 [Tip], [Power Upgrade] 등의 코너를 만들어 배치시켜 놓아 효율을 극대화 시켰습니다.

❹ 대형 판형에 의한 시원한 편집

A4 사이즈에 맞춘 큰 판형으로 디자인하여 보기에도 시원하고 쾌적하게 학습할 수 있도록 하였습니다.

❺ 스스로 풀어보는 다양한 실전 예제 수록

각 단원이 끝날 때마다 배운 내용을 실습하면서 완벽히 익힐 수 있도록 난이도별로 다양한 실습 문제를 제시하여 복습할 수 있도록 하였습니다.

이·책·의·구·성

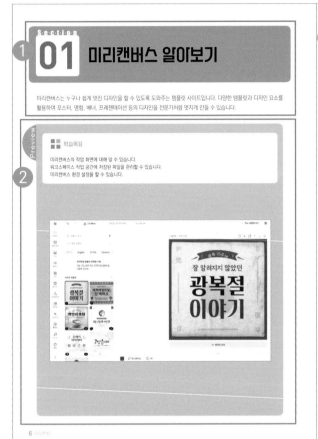

① 섹션 설명

해당 단원에서 배울 내용에 대한 전체적인 개념을 설명함으로써 단원에 대한 이해도를 증진시키도록 합니다.

② Preview

해당 단원에서 만들어볼 결과물을 미리 보여줌으로써 실습하는데 따르는 전체적인 틀을 이해할 수 있도록 하여 학습 효율을 극대화시켜 줍니다.

③ 실습 따라하기

본문 내용을 하나씩 따라해 가면서 실습하다 보면 자연스럽게 관련 기능을 이해할 수 있도록 구성하여 누구나 쉽게 사용할 수 있도록 하였습니다.

④ Tip

저자만이 가지고 있는 다양한 노하우 및 좀 더 편리하게 접근하기 위한 정보들을 제공합니다.

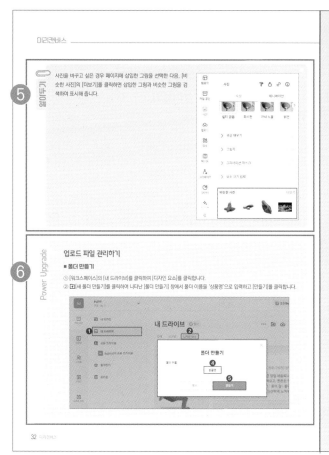

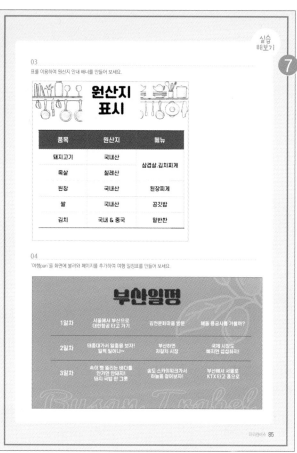

❺ 알아두기

실습을 따라하는 과정에서 알아두면 도움이 되는 내용들을 담았습니다.

❻ Power Upgrade

난이도가 높아 본문의 따라하기에서 다루지는 않았지만 익혀놓으면 나중에 실무에서 도움이 될 것 같은 내용들을 별도로 구성해 놓았습니다.

❼ 실습해보기

본문에서 배운 내용을 다양한 예제를 통하여 실습하면서 확실하게 익힐 수 있도록 실습 문제를 담았습니다.

C·O·N·T·E·N·T·S

MIRICANVAS

01 미리캔버스 알아보기

미리캔버스는 누구나 쉽게 멋진 디자인을 할 수 있도록 도와주는 템플릿 사이트입니다. 다양한 템플릿과 디자인 요소를 활용하여 포스터, 명함, 배너, 프레젠테이션 등의 디자인을 전문가처럼 멋지게 만들 수 있습니다.

Preview

■■ 학습목표

미리캔버스의 작업 화면에 대해 알 수 있습니다.
워크스페이스 작업 공간에 저장된 파일을 관리할 수 있습니다.
미리캔버스 환경 설정을 할 수 있습니다.

미리캔버스 로그인과 로그아웃

01 미래캔버스(https://www.miricanvas.com)에 회원 가입하고 로그인하면 다음과 같은 화면이 나타 납니다.

미리캔버스는 크롬 브라우저에 최적화되어 있으므로, 가급적 크롬 브라우저에서 접속하는 것이 좋습니다.

02 ☰ [전체메뉴]를 클릭하여 [워크스페이스로 이동하기]를 클릭합니다.

03 워크스페이스 작업 화면이 나타납니다. [새 디자인 만들기]를 클릭하여 [전체] 탭에서 [카드뉴스]를 클릭합니다.

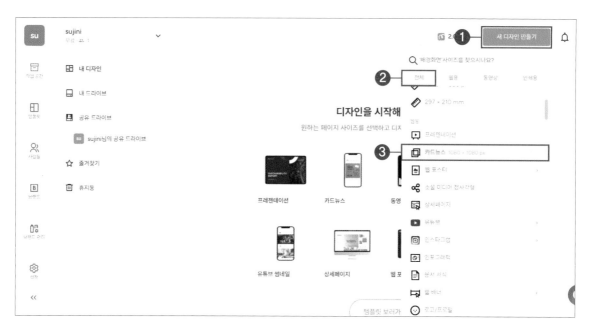

04 새로운 브라우저 탭이 열리면서 디자인을 할 수 있는 작업 화면으로 이동하는 것을 확인할 수 있습니다.

05 미리캔버스를 로그아웃 하려면 ☰[전체 메뉴]-[워크스페이스로 이동하기]를 클릭합니다.

TIP

미리캔버스 처음 사용자는 회원 가입 후 로그인을 할 경우
템플릿 작업 화면이 나타납니다.

06 워크스페이스 작업 화면에서 계정 아이콘을 클릭하여 [로그아웃]을 클릭합니다.

07 로그 아웃 유무를 묻는 창에서 [확인]을 클릭합니다.

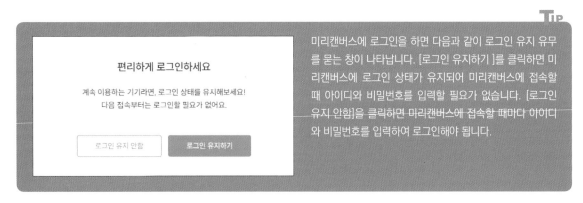

Tip

미리캔버스에 로그인을 하면 다음과 같이 로그인 유지 유무를 묻는 창이 나타납니다. [로그인 유지하기]를 클릭하면 미리캔버스에 로그인 상태가 유지되어 미리캔버스에 접속할 때 아이디와 비밀번호를 입력할 필요가 없습니다. [로그인 유지 안함]을 클릭하면 미리캔버스에 접속할 때마다 아이디와 비밀번호를 입력하여 로그인해야 됩니다.

❶ 템플릿 : 미리캔버스에는 포스터, 명함, 카드뉴스 등 다양한 주제의 템플릿을 제공합니다. 원하는 디자인이나 주제를 검색하여 빠르게 작품을 만들 수 있습니다.

❷ 작업 공간 : 내가 디자인한 작품이나 사용한 디자인, 템플릿, 업로드한 이미지 등의 파일을 관리할 수 있습니다.

❸ 사진 : 디자인에 사용할 이미지를 검색하여 무료 이미지를 삽입할 수 있습니다.

❹ 업로드 : 컴퓨터에 저장되어 있는 사진이나 동영상 파일 등을 미리캔버스 클라우드에 업로드 할 수 있습니다.

❺ 요소 : 일러스트, 도형, 프레임, 표 등 디자인에 필요한 다양한 요소를 삽입할 수 있습니다.

❻ 텍스트 : 디자인 제목이나 설명 등을 삽입하여 글꼴이나 색 등의 서식을 설정할 수 있습니다.

❼ 크리에이터 : 다양한 디자인 요소를 손쉽게 활용하고 공유할 수 있도록 지원하는 서비스로, 누구나 디자인 요소를 제작하고 등록하여 승인 절차를 걸친 후 크리에이터가 될 수 있습니다.

❽ 데이터 : 다양한 차트와 표, 조합 등의 요소를 빠르게 삽입하여 데이터를 시각화할 수 있습니다.

❾ AI 도구 : 디자인에 필요한 일러스트 이미지, 로고, 캐릭터 이미지 등을 창의적이고 멋있게 그려줍니다.

❿ 동영상 : 배경, 동물, 자연 등의 주제로 동영상을 삽입하거나, 유튜브 동영상 URL 주소를 페이지에 추가할 수 있습니다.

⓫ 오디오 : 페이지에 배경 음악이나 효과음을 삽입할 수 있습니다.

⓬ 테마 : 테마 색상을 이용하여 전체적인 색을 조화롭게 설정할 수 있습니다.

⓭ 배경 : 단색과 사진, 패턴 등으로 페이지의 배경을 꾸밀 수 있습니다.

⓮ 찜 : 자주 사용하는 요소나 템플릿에 찜을 할 수 있습니다. 찜해 놓으면 찜해 놓은 모든 항목을 확인할 수 있습니다.

⓯ QR/바코드 : 제품 정보, 웹사이트 링크, 소셜미디어 프로필 등의 정보를 QR 또는 바코드에 등록하여 페이지에 추가할 수 있습니다.

01 [카드뉴스] 템플릿을 적용하는 방법을 알아보기로 합니다. 도구에서 [템플릿]을 클릭한 다음, 펼침 단추(∨)를 눌러 [카드뉴스]를 선택하고 검색란에 '역사'를 입력한 후 Enter 를 누릅니다.

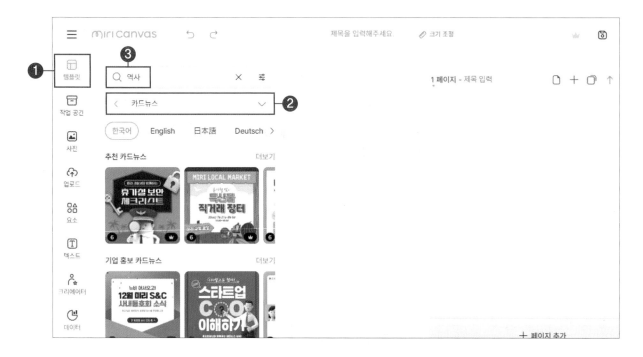

02 카드뉴스 템플릿에서 '역사'를 주제로 등록되어 있는 다양한 템플릿이 검색되면 원하는 템플릿을 클릭합니다. 여기서는 '광복절 이야기' 템플릿을 선택했습니다.

> **Tip**
> 템플릿 왼쪽 아래 페이지 수가 표시됩니다.

03 선택한 템플릿의 전체 페이지가 나타나면 [이 템플릿으로 덮어쓰기]를 클릭합니다.

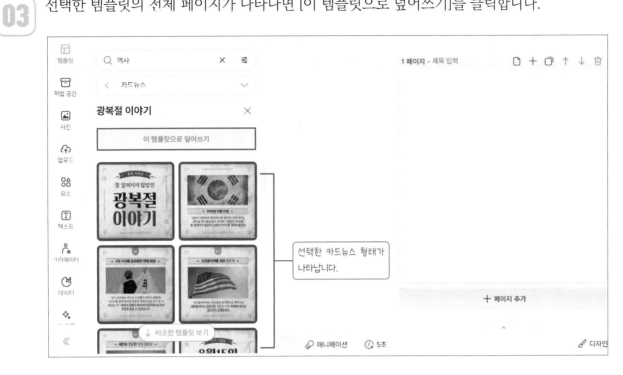

선택한 카드뉴스 형태가 나타납니다.

04 선택한 템플릿 전체 페이지가 적용되어 나타납니다. 첫 번째 페이지의 ↓ [페이지 아래로 이동]을 클릭하면 페이지 순서를 바꿀 수 있습니다.

아래로 스크롤하면 나머지 5개의 페이지 내용을 볼 수 있습니다

TIP

마우스 스크롤을 이용하여 다음 페이지로 이동할 수 있습니다.

05 1페이지와 2페이지의 위치가 바뀐 것을 확인할 수 있습니다. 다시 ↑ [페이지 위로 이동]을 클릭하면 원 상태로 돌아갑니다.

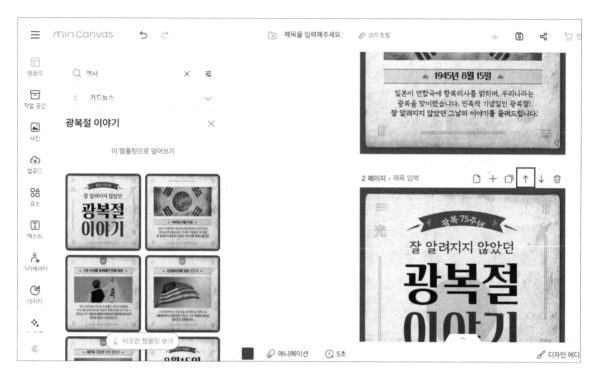

06 4페이지 다음에 추가 페이지를 만들고 싶으면 마우스 스크롤을 이용하여 4페이지로 이동합니다. 마우스 포인터를 페이지 위에 위치시킨 다음, '+' [페이지 추가]를 클릭합니다.

07 빈 페이지가 5페이지에 추가된 것을 확인할 수 있습니다. 빈 페이지에 적용할 템플릿을 클릭합니다.

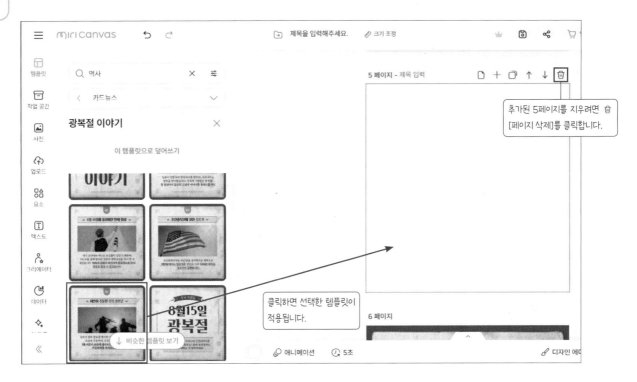

08 파일 이름을 '광복절이야기'로 입력한 후 [저장]을 클릭하면 미리캔버스 클라우드에 저장됩니다.

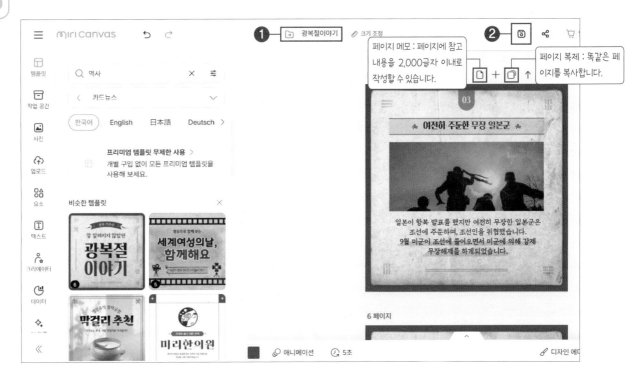

[전체 메뉴]를 클릭하면 하위 메뉴들이 나타납니다.

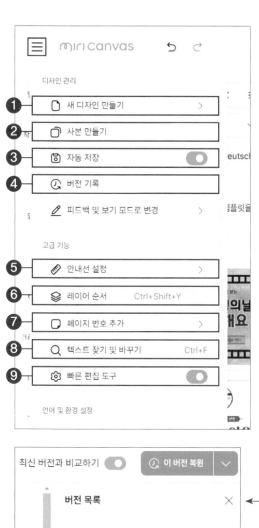

❶ 새 디자인 만들기 : 작업 내용에 따라 페이지 크기를 설정하여 빈 페이지를 엽니다.

❷ 사본 만들기 : 현재 작업한 문서를 새로운 탭에 복사합니다.

❸ 자동 저장 : [자동 저장]이 활성화 되어 있으면 자동으로 문서가 미리캔버스 작업 공간에 저장됩니다.

❹ 버전 기록 : 작업 내용을 기록한 창이 열리며, 자동 저장 시간대로 목록이 표시됩니다. 버전 목록에서 원하는 시간을 클릭하여 이전 작업 상태로 되돌릴 수 있습니다. [최신 버전과 비교하기]를 활성화시키면 최신 버전과 선택한 시간대의 작업한 내용을 비교할 수 있습니다.

❺ 안내선 설정 : 삽입한 요소를 배치시킬 때 도움되는 가로 안내선이나 세로 안내선을 추가할 수 있을 뿐만 아니라 눈금자를 표시할 수 있습니다.

❻ 레이어 순서 : 페이지에 삽입한 요소를 한 눈에 볼 수 있으며, 요소를 선택하거나 위치 순서를 변경할 수 있습니다.

❼ 페이지 번호 추가 : 페이지의 번호를 추가할 수 있으며, 시작 번호를 변경할 수도 있습니다.

❽ 텍스트 찾기 및 바꾸기 : 전체 페이지에서 특정 단어를 찾거나, 특정 단어를 다른 내용으로 한 번에 수정할 수 있습니다.

❾ 빠른 편집 도구 : 빠른 편집 도구를 화면에 표시하거나 숨길 수 있습니다.

01 ≡[전체 메뉴]를 클릭하여 [워크스페이스로 이동하기]를 클릭합니다.

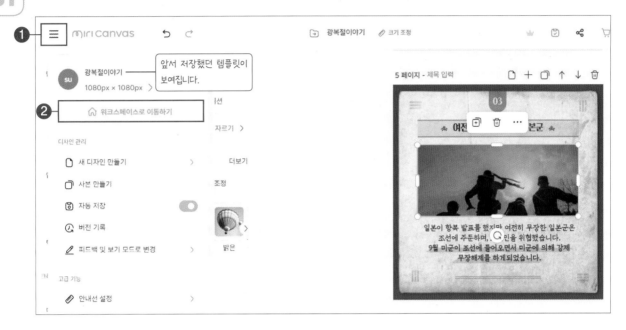

02 워크스페이스에 [내 디자인] 화면이 나타나면서 작업하여 앞에서 저장했던 디자인 파일이 보여집니다.

03 작업한 디자인을 삭제하고 싶으면, 파일에 체크 표시를 한 다음 [휴지통]을 클릭합니다.

04 잘못 삭제한 경우 복원할 수도 있습니다. [휴지통]을 클릭하면 휴지통 창이 열리면서 삭제한 파일이 보여집니다. 복원할 파일을 선택한 다음, [복원] 아이콘을 클릭하면 삭제하기 이전 위치로 복원됩니다.

Tɪᴘ

휴지통에서 파일을 삭제하면 완전 삭제되어 복원이 불가능하며, 휴지통 파일은 30일 후 자동으로 완전히 삭제됩니다.

폴더 만들어 관리하기

① 파일이 많을 경우 폴더별로 정리하여 저장하면 관리하기도 좋고 보기가 편합니다. [내 드라이브]에서 ⊞ [폴더 만들기]를 클릭하여 나타난 창에서 폴더명을 입력하고 [만들기]를 클릭합니다.

② [내 드라이브] 화면에서 이동할 파일에 마우스 포인터를 위치시키고, 체크 상자가 나타나면 체크 표시합니다. ⊡를 클릭하여 이동시킬 폴더를 선택한 다음 [이동]을 선택하면 폴더로 이동합니다.

미리캔버스 저작권

- 도박, 향락 등 불건전 업종, 기타 건전 문화에 반하거나 사치, 투기 조장 등 우려가 있는 업종은 이용을 제한합니다. 또한 불쾌감을 주는 광고 및 콘텐츠를 만들거나, 타인을 비방하는 용도로는 이용할 수 없습니다.

- 템플릿이나 글꼴, 미리캔버스에서 제공하는 요소의 썸네일에 왕관 표시가 있는 프리미엄 템플릿은 Pro 요금제 또는 Enterprise 요금제를 이용 중인 워크스페이스에서만 사용할 수 있습니다.

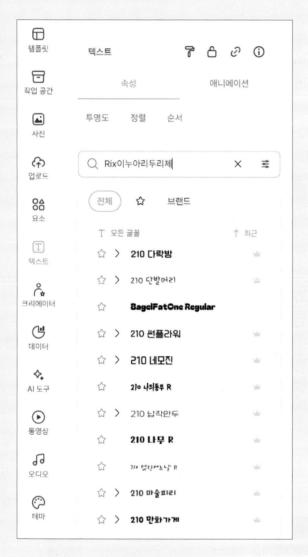

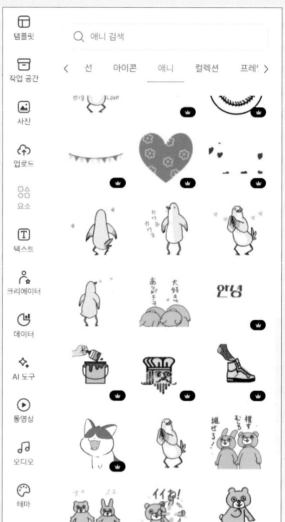

Q. 미리캔버스에서 제공하는 템플릿을 전부 사용해도 되나요?

A. 사용 중인 요금제에 따라 사용할 수 있는 템플릿이 다를 수 있습니다.

Q. 미리캔버스에서 제공하는 글꼴 중 무료 글꼴은 전부 사용해도 되나요?

A. 미리캔버스에서 제공하는 글꼴은 저작권사에서 비상업적 용도와 상업적 용도로 사용할 수 있도록 무료 배포하거나, 미리캔
버스가 저작권사와 정식계약을 맺고 제공하고 있는 것들입니다.

Q. 무료 폰트 사용 시 출처표시를 해야 하나요?

A. 일부는 출처표시가 필요합니다.

공공기관이나 단체, 기업 등에서 무료로 배포하는 글꼴의 경우, 출처표시를 조건으로 이용을 허락하는 것들이 있습니다. 출
처표시가 의무 사항인 글꼴은 공공저작물 자유이용 출처표시 방법에 따라 출처표시를 해주시면 됩니다.

[출처표시 필수 글꼴]

[공공누리 출처표시]

Q. 미리캔버스에서 제공하는 요소를 전부 사용해도 되나요?

A. 미리캔버스에서 제공하는 요소는 제휴사에서 무료 배포하거나, 미리캔버스가 제휴사와 정식계약을 맺고 제공하고 있는 것
들이며, 미리캔버스 에디터에서 디자인을 만들 때 자유롭게 사용할 수 있습니다. 하지만, 요소 하나를 다운로드(캡처, 다른
이름으로 저장 포함)해서 사용하는 것은 안됩니다. 반드시 2개 이상의 요소를 결합해서 디자인을 만들어 사용해야 합니다.

[사용 불가]

[사용 가능]

[미리캔버스 알기 쉬운 저작권]

01

'대한민국'으로 카드 뉴스 템플릿을 검색하여 화면에 적용해 보세요.

02

2페이지와 3페이지의 위치를 바꾸고, 파일 이름을 '임시정부'로 설정해 보세요.

03

내 디자인에서 파일을 삭제해 보세요.

04

휴지통에서 삭제한 파일을 삭제하기 이전의 상태로 복원시켜 보세요.

02 텍스트 활용하여 디자인하기

디자인 목적에 따라 프레젠테이션, 카드 뉴스, 웹 포스터 등 다양한 페이지 크기를 쉽게 선택할 수 있으며, 텍스트로 전달하고자 하는 내용을 더욱 돋보이게 디자인할 수 있습니다. 완성된 작품은 jpg, png, pdf, ppt, mp4 등 다양한 형식으로 저장하여 공유할 수 있습니다.

Pre·view

 학습목표

디자인 배경을 설정할 수 있습니다.
텍스트를 삽입하여 서식을 설정할 수 있습니다.
jpg, png, pdf, ppt, mp4 형식으로 저장할 수 있습니다.

01 [새 디자인 만들기]를 클릭하여 [웹용] 탭을 선택한 다음, [카드 뉴스]를 클릭합니다.

TIP

편집 화면에서 ☰[전체 메뉴]-[새 디자인 만들기]-[카드 뉴스]를 클릭해도 됩니다.

02 먼저 배경을 설정하기 위해 도구에서 ▨(배경)을 클릭한 다음, [사진] 탭에서 원하는 배경을 클릭합니다.

알아두기

■ [왕관] 표시된 템플릿 디자인은 'Pro' 요금제 이상 결제한 경우 사용할 수 있는 디자인으로, 무료 사용자가 템플릿을 선택하면 미리캔버스 워터마크가 표시됩니다.

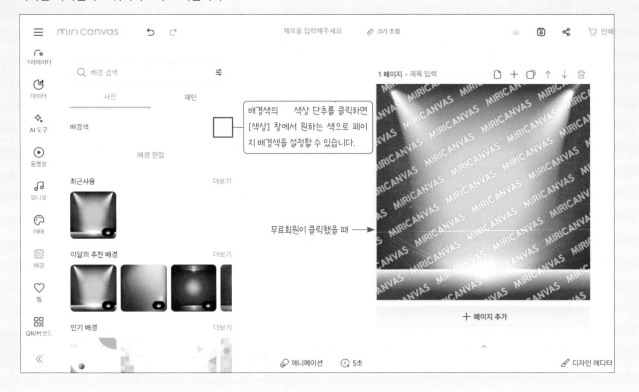

03 원하는 주제를 입력하면 좀더 쉽게 배경을 찾을 수 있습니다. 도구에서 ▨[배경]을 클릭한 후, 검색란에 '봄꽃'을 입력하고 [Enter]를 누릅니다.

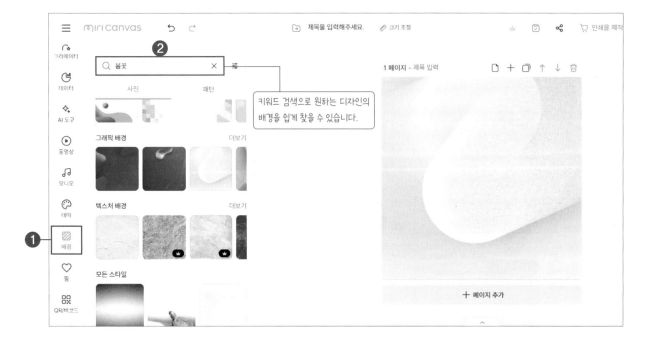

04 봄꽃과 관련된 배경 디자인 목록이 나타나면 원하는 디자인을 클릭합니다.

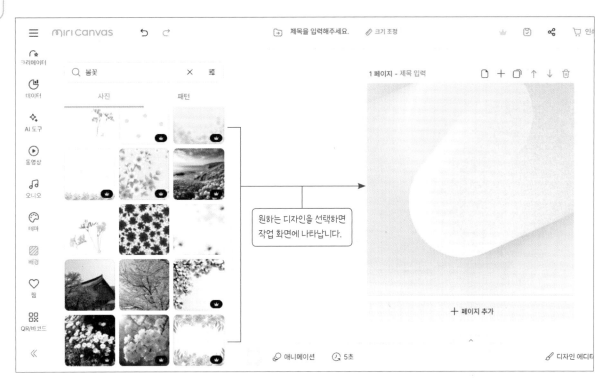

원하는 디자인을 선택하면 작업 화면에 나타납니다.

05 배경 사진에 화사한 효과를 설정하기 위해 [필터 효과] 탭에서 [화사한]을 클릭합니다.

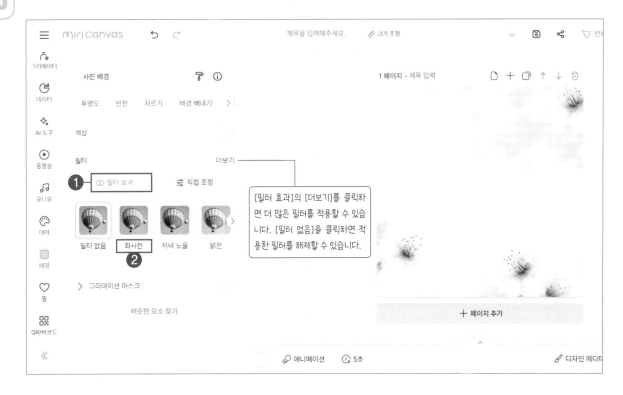

[필터 효과]의 [더보기]를 클릭하면 더 많은 필터를 적용할 수 있습니다. [필터 없음]을 클릭하면 적용한 필터를 해제할 수 있습니다.

[패턴] 탭을 클릭하여 하늘, 꽃, 도형 패턴, 체크 패턴, 줄무늬 패턴, 그래픽 패턴, 일러스트 패턴 등 원하는 패턴으로 배경을 꾸밀 수 있습니다.

패턴의　[색상] 단추를 클릭하여 패턴의 색을 변경할 수 있을 뿐만 아니라, 패턴 크기를 조절하여 패턴 모양의 크기를 조절할 수 있습니다.

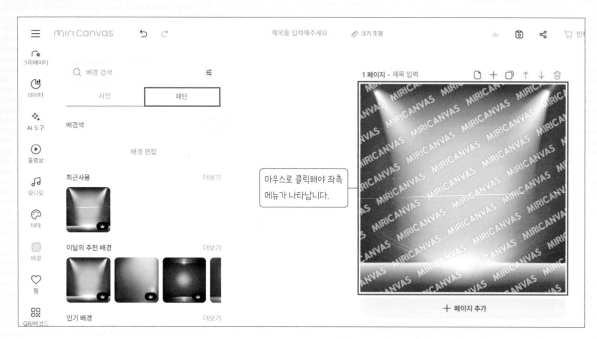

❶ 투명도 : 패턴의 투명도를 설정합니다.

❷ 반전 : 패턴 방향을 반대로 반전시킵니다.

❸ 색상 : 패턴 색상을 변경할 수 있습니다.

❹ 패턴 크기 : 크턴의 크기를 조절할 수 있습니다.

배경 편집하기

선택한 배경 사진의 비율과 페이지 비율이 안맞는 경우 배경 사진이 잘려서 보일 수 있습니다. [배경 편집]에서 배경 사진의 크기를 조절하거나 이동 할 수 있을 뿐만 아니라 사진의 색감도 조절할 수 있습니다.

① 편집 화면 아래 화면 비율을 '50%'로 설정하여 편집 화면 비율을 조절합니다. 도구에서 ▨ [배경]을 클릭하여 원하는 배경 이미지를 클릭합니다. 이어서 페이지에 삽입된 배경 이미지를 클릭하여 [배경 편집]을 클릭합니다.

② [사진 배경] 창에서 [자르기]를 클릭합니다. 배경 이미지를 드래그하여 위치를 이동하거나 크기를 조절한 후 [확인]을 클릭합니다.

③ [투명도]를 클릭하면 배경 이미지의 투명도를 조절할 수 있습니다.

④ [반전]을 클릭하면 배경 이미지의 좌우 또는 상하를 반전시킬 수 있습니다.

⑤ [직접 조정] 탭을 클릭하여 이미지의 밝기, 대비, 채도, 컬러톤, 온도 등의 값을 설정하면 이미지의 색감을 조절할 수 있습니다.

⑥ [배경 초기화]를 클릭하면 배경 편집을 초기화시킬 수 있습니다.

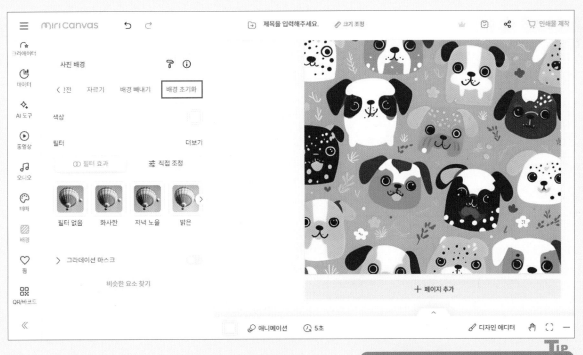

Tip

배경 편집 메뉴에서 ▶ 단추를 클릭하면 메뉴를 이동할 수 있습니다.

01 텍스트를 삽입하려면 도구에서 🅣[텍스트]를 클릭하여 [스타일] 탭에 [제목 텍스트 추가]를 클릭합니다.

02 페이지에 추가된 제목 텍스트 틀에 '첫번째'를 입력합니다. [텍스트] 창의 [속성] 탭에서 글꼴 목록에 '학교안심'을 입력하여 검색합니다.

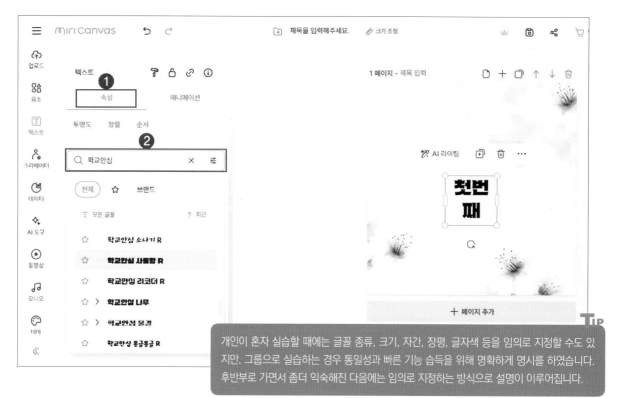

개인이 혼자 실습할 때에는 글꼴 종류, 크기, 자간, 장평, 글자색 등을 임의로 지정할 수도 있지만, 그룹으로 실습하는 경우 통일성과 빠른 기능 습득을 위해 명확하게 명시를 하였습니다. 후반부로 가면서 좀더 익숙해진 다음에는 임의로 지정하는 방식으로 설명이 이루어집니다.

03 검색된 글꼴 목록에서 '학교안심 사물함 R'을 클릭한 다음, [텍스트] 창의 [속성] 탭을 클릭합니다.

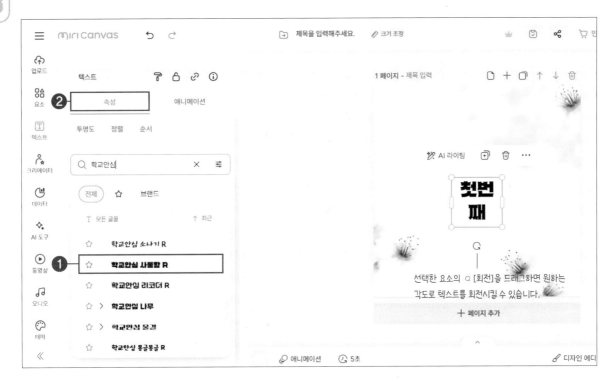

04 글꼴 크기를 '90'으로 입력하고 Enter 를 누릅니다. 텍스트 상자의 크기 조절점을 드래그하여 텍스트가 한 줄에 표시되도록 레이어 크기를 조절합니다.

Tip
Ctrl + 드래그 : 삽입한 텍스트의 가운데를 기준으로 가로와 세로 방향으로 크기 조절됩니다.

05 텍스트 상자를 그림과 같이 위치시킵니다. 이어서 도구에서 Ⓣ[텍스트]를 클릭한 후, [스타일] 탭에 [제목 텍스트 추가]를 클릭합니다.

06 제목 텍스트 상자에 '춘'을 입력하고 [한자]를 눌러 나타난 목록에서 '春'을 선택합니다.

> **TIP**
> 한자로 변환할 때 [한자 입력] 창이 열리는 경우가 있습니다. 이때 [한자 입력] 창에서 입력할 한자를 선택한 후 [바꾸기]를 클릭합니다.

07 [텍스트] 창의 [속성] 탭에서 글꼴은 '조선 궁서체', 크기는 '350'으로 설정하고 다음과 같이 배치합니다.

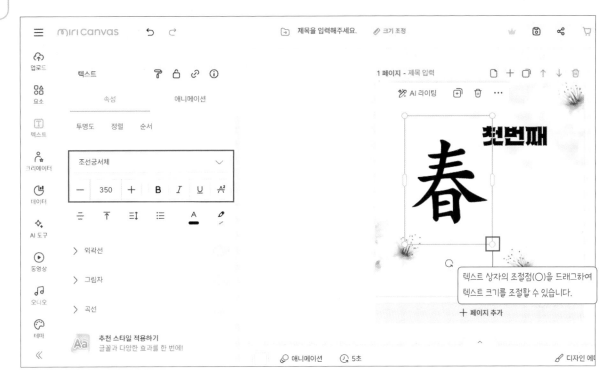

08 '첫번째' 텍스트 상자를 선택한 다음, 빠른 편집 도구에서 ⊞ [복제하기]를 클릭하여 텍스트를 복제합니다.

TIP

복제 : 같은 모양의 도형이나 텍스트를 하나 더 복사하는 기능으로, 단축키는 Ctrl + D 입니다.

09 복제된 텍스트 상자를 아래로 드래그하여 이동시킨 다음, 내용을 '을 만나'로 수정하고, 텍스트 상자의 크기를 조절합니다.

10 같은 방법으로 텍스트를 복제한 후 내용을 '봄'으로 수정한 다음, [속성] 탭에서 글꼴은 'THE 하늘색바람', 크기를 '250'으로 설정합니다.

글꼴 즐겨찾기에 추가하기

글꼴 목록에서 자주 사용하는 글꼴의 즐겨찾기(☆)를 클릭하면 즐겨찾기 목록에 등록되어 글꼴을 빠르게 선택할 수 있습니다.

01 '春'을 선택한 다음, [텍스트] 창의 [속성] 탭에서 ≜ [글자색]을 클릭합니다. [색상] 창이 나타나면 [단
색] 탭에서 원하는 색을 클릭하고, X를 눌러 창을 닫습니다.

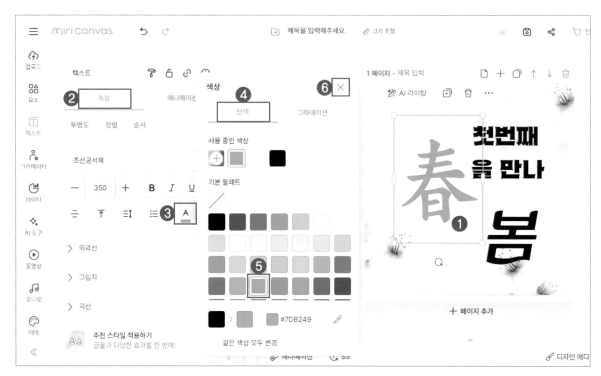

02 텍스트의 테두리를 설정하기 위해 [외곽선]을 클릭하여 활성화한 다음, 외곽선 두께는 '6'으로 설정
합니다.

03 이번에는 [그림자]를 클릭하여 활성화한 다음, 그림자의 색상은 '검정', 투명도는 '50%', 거리는 '5'로 설정합니다.

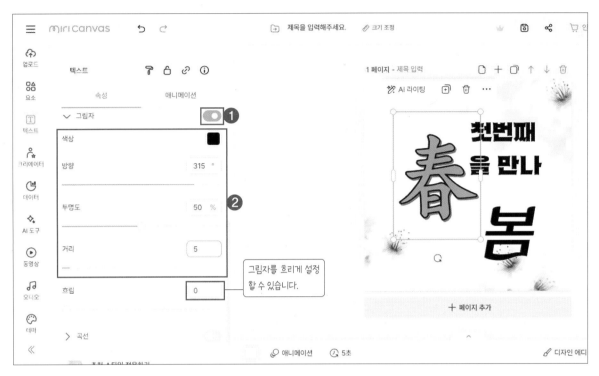

04 그라데이션으로 텍스트를 꾸미기 위해 '봄'을 선택한 다음, [텍스트] 창의 [속성] 탭에서 ▲ [글자색]을 클릭합니다.

05 [색상] 창이 나타나면 [그라데이션] 탭을 클릭하여 ⊕ [직접 조정]을 클릭합니다.

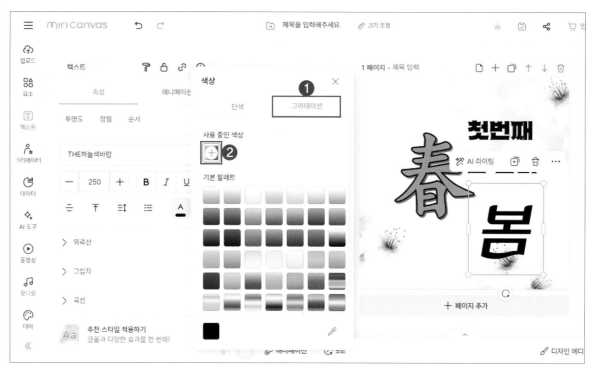

06 첫번째 중지점을 클릭하여 원하는 색을 선택합니다.

07 두 번째 중지점 위치를 클릭하여 중지점을 추가한 다음, 원하는 색을 선택합니다.

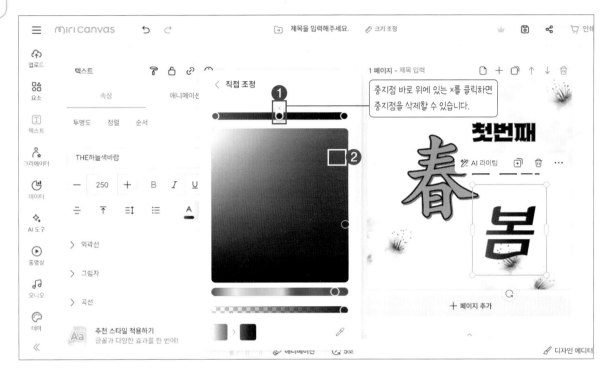

08 같은 방법으로 세 번째 중지점을 추가하여 원하는 색을 설정합니다.

그라데이션의 [직접 조정] 창에서 그라데이션의 방향 값을 입력하여 방향을 조절할 수 있으며, 색상 값을 직접 입력하여 그라데이션의 색을 설정할 수도 있습니다.

따라하기 04 텍스트 정렬하기

01 다음과 같이 텍스트 상자의 위치를 이동시킨 다음, Shift를 누른 상태로 텍스트를 차례대로 모두 클릭하여 선택합니다.

3개의 텍스트를 모두 선택합니다.

02 [다중요소] 창의 [속성] 탭에서 [정렬]-[세로 간격 맞추기]를 클릭하여 세로 간격을 똑같이 맞춥니다.

Tip
Shift나 Ctrl을 이용하여 여러 요소를 선택하면 [다중요소] 창이 나타납니다.

03 다시 [정렬]-[가운데]를 클릭하여 텍스트의 가운데를 맞추고, 빠른 편집 도구에서 🔳[그룹]을 클릭하여 텍스트 상자를 하나의 그룹으로 묶습니다.

04 Shift 를 누른 상태로 한자와 텍스트를 차례대로 선택합니다. [다중요소] 창의 [속성] 탭에서 [정렬]-[중간]을 클릭하여 세로 가운데를 맞추고, 🔳[그룹]을 클릭하여 하나로 묶습니다.

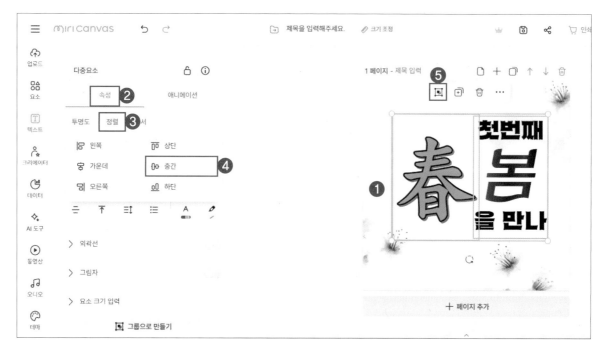

05 [속성] 탭에서 [정렬]-[가운데]를 클릭한 다음, 다시 [정렬]-[중간]을 클릭하여 페이지 가운데에 텍스트를 위치시켜 완성합니다.

하나의 요소만 선택하고 정렬하면 페이지 기준으로 상하좌우로 배치됩니다.

요소 정렬 하기

왼쪽 : 선택한 요소 중 가장 왼쪽에 있는 요소의 왼쪽을 기준으로 정렬됩니다.

가운데 : 선택한 요소 중 가장 가운데에 있는 요소의 가운데를 기준으로 정렬됩니다.

오른쪽 : 선택한 요소 중 가장 오른쪽에 있는 요소의 오른쪽을 기준으로 정렬됩니다.

상단 : 선택한 요소 중 가장 위에 있는 요소의 위쪽을 기준으로 정렬됩니다.

중간 : 선택한 요소의 가로 중간을 기준으로 정렬됩니다.

하단 : 선택한 요소 중 가장 아래에 있는 요소의 아래쪽을 기준으로 정렬됩니다.

가로 간격 맞추기 : 선택한 요소의 가장 왼쪽과 오른쪽 요소 위치를 기준으로 가로 간격을 동일하게 정렬합니다.

세로 간격 맞추기 : 선택한 요소의 가장 위쪽과 아래쪽 요소 위치를 기준으로 세로 간격을 동일하게 정렬합니다.

[원본]　[왼쪽]　[가운데]　[오른쪽]

[원본]　[상단]　[중간]　[하단]

01 미리캔버스 클라우드에 카드뉴스를 저장하기 위해 파일 이름을 '봄카드뉴스'로 입력합니다. 완성 파일을 저장하기 위해 [다운로드]를 클릭합니다. [다운로드] 창이 나타나면 파일 형식을 'PNG'로 선택하고 [고해상도 다운로드]를 클릭합니다.

02 [다른 이름으로 저장] 대화상자가 나타나면 저장할 폴더와 파일 이름을 입력하고 [저장]을 클릭한 다음, 다운로드가 완료되면 창을 닫습니다.

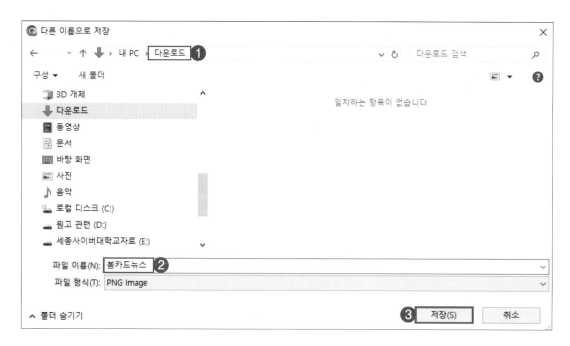

03 ≡[전체 메뉴]에서 [워크스페이스로 이동하기]를 클릭합니다.

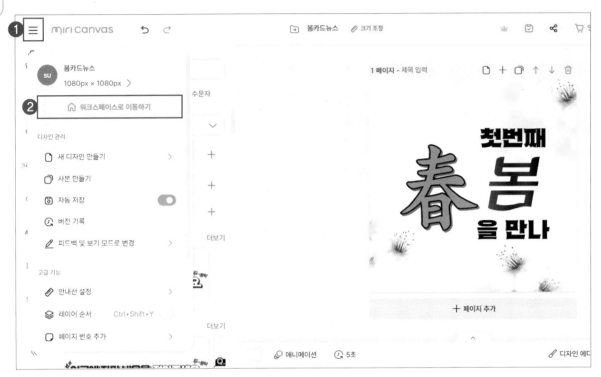

04 워크스페이스 공간의 [내 디자인]을 클릭하면 완성된 결과가 저장되어 있는 것을 확인할 수 있습니다.

01

가로 297mm, 세로 210mm의 슬라이드에 '구름' 배경으로 진료시간 안내장을 만들어 보세요.

우리병원
진료 시간 안내
평　일 : 09시 ～ 18시
토요일 : 09시 ～ 13시

글꼴	EBS훈민정음 SB / THE기다림EB
크기	79pt / 78pt
글자색	#18A8F1 #000000

02

프레젠테이션 페이지에 '바다'를 주제로 원하는 배경을 설정하고, 세피아 필터와 텍스트 서식을 적용해 보세요.

Travel Plan
to
Busan

글꼴	Pacifico / THE피오피EB
글자색	#C2C2C2
배경 검색어	바다

힌트 · [배경 편집] 창에서 [필터]–[필터 효과]의 '세피아' 필터를 적용합니다.

03

다음과 같이 그라데이션 색상을 적용하여 안내 문구를 만들어 '영업안내'로 내 작업 공간에 저장해 보세요.

글꼴	Tmon몬소리 Black / TT투게더
크기	177pt / 80pt
그라데이션 글자색	#F90000 #052DF7 #000000 #011F56

04

완성한 영업안내 문구를 컴퓨터에 고해상도 jpg 인쇄용 이미지로 저장해 보세요.

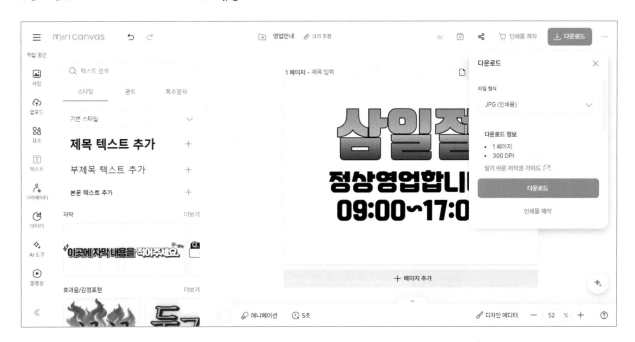

03 템플릿 이용히여 명함 만들기

템플릿이란 특정 주제에 따라 만들어진 문서나 디자인의 기본 틀입니다. 미리캔버스에서 제공하는 디자인 템플릿을 이용하면 멋있는 디자인을 빠르게 완성할 수 있으며, 다양한 테마색을 제공하여 배경과 글자색을 보다 쉽게 설정할 수 있습니다.

Preview

 학습목표

디자인에 테마색을 적용할 수 있습니다.
QR 코드를 삽입할 수 있습니다.
다양한 형식으로 저장할 수 있습니다.

이 태 리 교재개발팀

Mobile 010.1234.5678
Fax 070.1234.5678
Email miridih@bizhows.com
Web www.bizhows.com

아 티 오
도 서 출 판

EST.　　　2016

**ONE MILLION
FLOWER**

01 [전체 메뉴]에서 [워크스페이스로 이동하기]를 클릭하여 워크 스페이스 작업 화면으로 이동합니다. 새로운 디자인을 만들기 위해 [새 디자인 만들기]를 클릭하여 [인쇄용] 탭에서 [명함]-[가로형]을 클릭합니다.

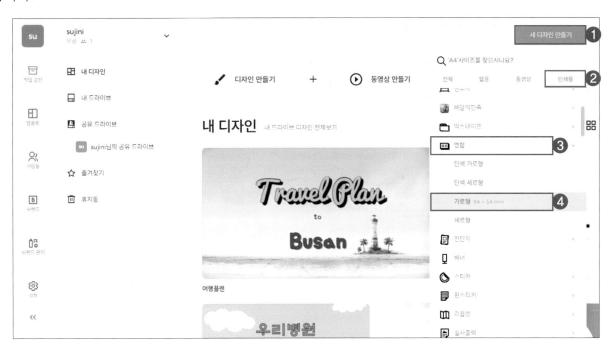

02 템플릿 검색란에 '독서'를 입력하고 Enter 를 누릅니다. 독서와 관련된 가로형 명함 템플릿이 검색되면 원하는 디자인을 클릭합니다.

03 세부 디자인이 펼쳐지면 첫 번째 디자인을 선택합니다.

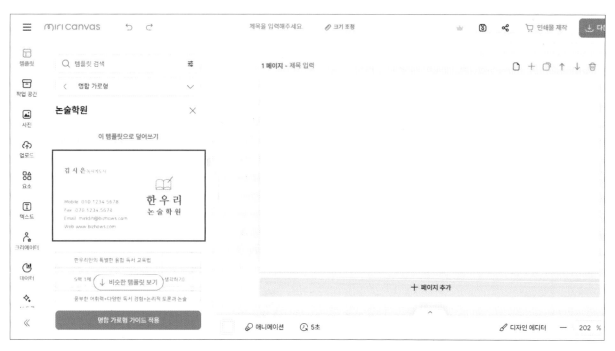

04 [디자인 적용 방식 선택] 창이 나타나면 ✕[닫기] 단추를 눌러 창을 닫습니다.

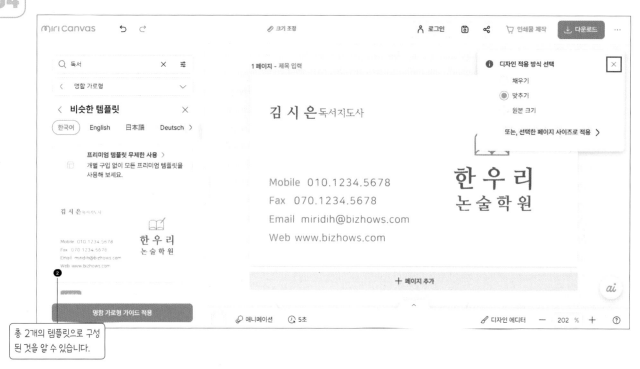

총 2개의 템플릿으로 구성된 것을 알 수 있습니다.

05 이름이 입력된 텍스트의 그룹을 해제하기 위해 명함 이름을 클릭하여 선택한 다음, 빠른 편집 도구에서 [그룹 해제]를 클릭합니다.

TIP

그룹 해제

Ctrl + Shift + G

06 이름을 더블클릭하여 본인의 이름을 입력합니다. 같은 방법으로 회사명과 프로필도 수정하고 파일 이름을 '명함'으로 입력합니다.

따라하기 02 테마색 설정하기

01 도구에서 [테마]를 클릭하여 원하는 색상 테마를 클릭합니다.

스크롤바를 아래로 이동하면 더 많은
테마색을 선택할 수 있습니다.

02 배경과 삽입된 요소의 테두리 색이나 면색이 변경된 것을 확인할 수 있습니다.

03 선택한 테마색 위에 마우스 포인터를 위치시키면 ✕ [셔플]이라는 문구가 나타납니다. ✕ [셔플]을 클릭하면 선택한 테마 색상을 기준으로 글꼴 색이나 외곽선 색이 바뀝니다.

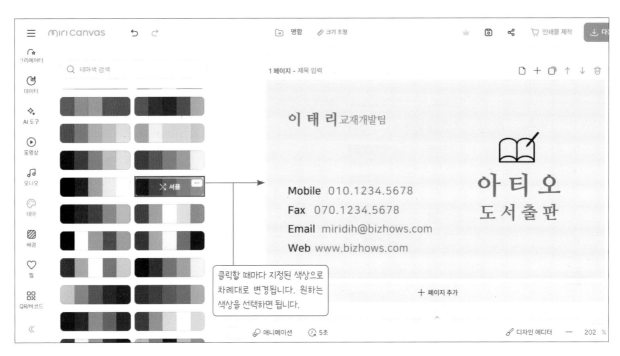

■ **모든 테마 색상 셔플하기**

[모든 테마 색상]의 ✕[셔플]을 클릭하면 랜덤으로 다양한 색상을 적용해 디자인과 어울리는 색상을 빠르게 설정해 볼 수 있습니다.

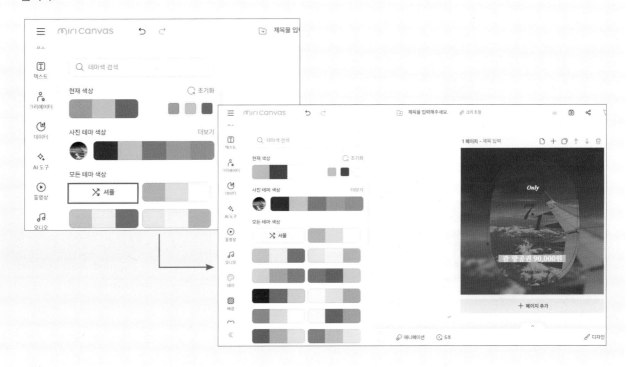

■ 색상 코드 값 확인하기

선택한 테마색의 ⋯ [더보기]를 클릭하면 색상 코드 값을 확인할 수 있습니다.

■ 색상 초기화하기

[테마색] 창에서 🔍 [초기화]를 클릭하면 테마색이 적용되기 이전의 기본 색상으로 초기화됩니다.

01 도구에서 🔠[QR/바코드]를 클릭합니다. [QR코드] 탭에서 QR 코드와 연결할 인터넷 사이트 주소를 입력하고 [만들기]를 클릭합니다.

02 삽입된 큐알 코드 이미지를 선택한 다음, [QR코드] 창의 [속성] 탭에서 [요소 크기 입력]을 클릭합니다.

03 QR 코드 이미지의 가로 크기를 '6'을 입력하고 `Enter`를 쳐서 이미지를 축소시킨 다음, 원하는 위치로 배치하여 완성합니다.

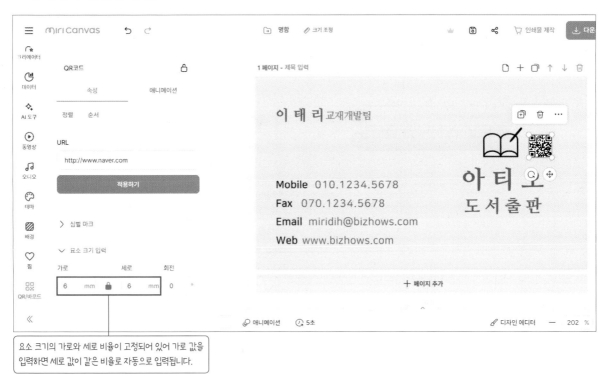

요소 크기의 가로와 세로 비율이 고정되어 있어 가로 값을 입력하면 세로 값이 같은 비율로 자동으로 입력됩니다.

04 `Shift`를 누른 상태로 책 이미지와 QR 코드를 차례대로 클릭하여 선택한 다음, 빠른 편집 도구에서 [그룹]을 클릭하여 그룹화시킵니다.

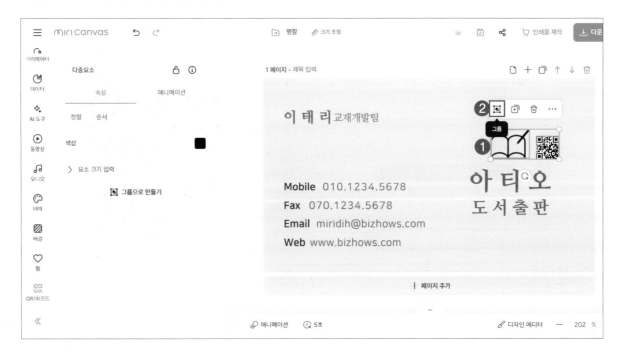

05 다시 Shift 를 누른 상태로 텍스트를 클릭한 다음, [다중요소] 창의 [속성] 탭에서 [정렬]-[가운데]를 클릭하여 정렬합니다.

06 완성된 결과물을 다운로드 받기위해 [다운로드]를 클릭한 후, ∨[펼침] 단추를 눌러 'PDF(인쇄용)'를 선택한 다음 [다운로드]를 클릭하여 저장합니다.

TIP

다운로드 파일 형식

■ PNG(Portable Network Graphics): PNG 형식은 주로 그래픽이나 그림을 저장할 때 사용되는 파일 형식으로, 고해상도 이미지를 보존하면서도 파일 크기를 작게 유지할 수 있으며 이미지 배경을 투명하게 저장할 수 있어 로고나 아이콘 등에 많이 사용됩니다.

■ JPG(Joint Photographic Experts Group) : JPG 형식은 주로 사진이나 실제 사물을 담은 이미지에 많이 사용되는 파일 형식으로, 파일의 크기가 작지만 이미지 손상이 있을 수 있습니다. 고품질의 이미지를 표현할 수 있어 많이 사용됩니다.

PPTX 다운로드 하기

[다운로드]를 클릭하여 파일 형식을 'PPTX'로 설정하면 파워포인트 파일로 다운로드 받을 수 있습니다. 단, PPTX 파일은 1일 다운로드 횟수가 제한되어 있으며, 다운로드한 PPTX 파일에 삽입한 디자인 요소(그림, 사진, 표 등)를 다른 디자인이나 문서 작업에 사용하는 것은 저작권 법에 위배되니 주의해야 합니다.

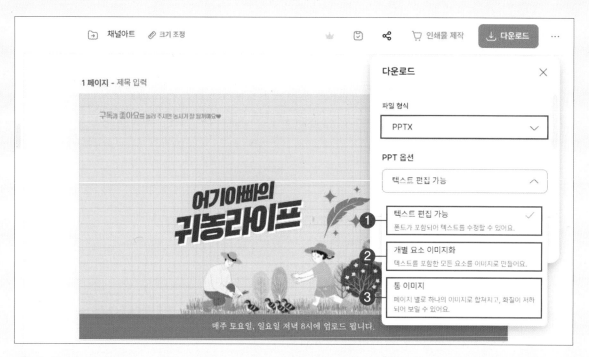

PPT 옵션

❶ 텍스트 편집 가능 : 글꼴 폰트가 같이 저장되어 파워포인트 프로그램에서 텍스트를 수정할 수 있습니다.

❷ 개별 요소 이미지화 : 페이지에 삽입된 모든 요소를 이미지로 변경하여 저장합니다. 텍스를 수정할 수 없습니다.

❸ 통 이미지 : 페이지가 하나의 이미지로 저장됩니다.

01

템플릿을 활용하여 유치원 모집 안내 가로 현수막을 만들어 '가을' 테마색을 적용해 보세요.

02

꽃을 주제로 세로 명함 테마를 검색하여 다음과 같이 내용을 수정하고 QR 코드를 삽입해 보세요.

글꼴	Taviraj Black

03

원하는 템플릿으로 유트브 채널 아트를 만들어 테마색을 설정해 보세요.

04 그림으로 상세 페이지 만들기

디자인할 때 사진을 삽입하면 생동감을 더할 수 있고, 메시지를 더욱 강력하게 전달할 수 있습니다. 키워드로 무료 사진을 간단하게 삽입할 수 있을 뿐만 아니라, 컴퓨터에 저장되어 있는 사진을 업로드하여 더욱 매력적인 디자인을 완성할 수 있습니다.

Preview

 학습목표

그림을 검색하여 삽입할 수 있습니다.
그림의 필터를 적용할 수 있습니다.
사진을 업로드하여 삽입할 수 있습니다.
일러스트 이미지를 삽입할 수 있습니다.

01 위크스페이스 작업 화면으로 이동한 다음, 새로운 디자인을 만들기 위해 [새 디자인 만들기]를 클릭 한 후 [웹용] 탭에서 [상세페이지]를 클릭합니다.

02 도구에서 ▨[배경]을 클릭합니다. 배경색 ■[색상] 단추를 클릭하여 색상 코드로 '#FFC221'을 입력 하고 창을 닫습니다.

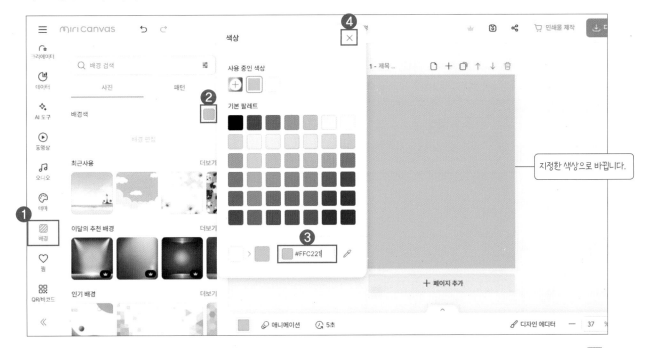

지정한 색상으로 바뀝니다.

> **Tip**
> HTML 색상 코드는 웹 페이지에서 색상을 지정하는 방법으로, # 기호 뒤에 숫자(0~9), 영문자(A~F)로 구성된 6자리 코드로 표현합니다.

03 제목을 입력하기 위해 도구에서 T[텍스트]를 클릭한 다음, [스타일] 탭에서 [제목 텍스트 추가]를 클릭합니다.

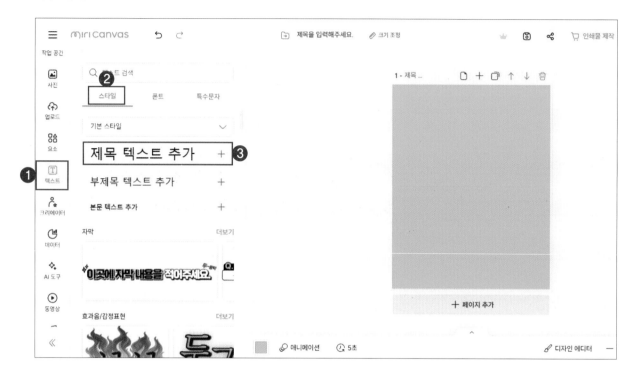

04 텍스트 상자에 '해남고구마'를 입력합니다. [텍스트] 창의 [속성] 탭에서 글꼴은 '학교안심 뜀틀 R', 크기는 '85', 외곽선 색은 '검정', 두께는 '20'으로 설정합니다.

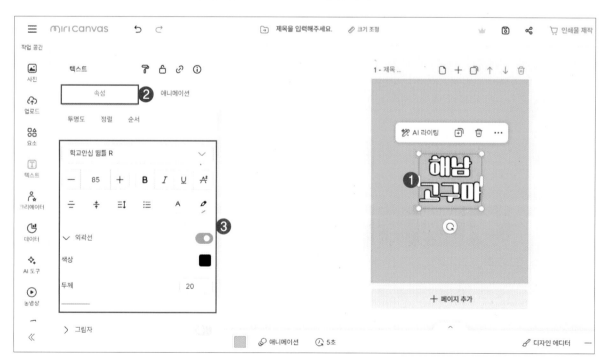

05 텍스트 상자의 크기를 조절한 후, 다음과 같이 상단으로 배치시킵니다. 같은 방법으로 페이지 아래에 텍스트를 삽입하고 글꼴(나눔명조 ExtraBold)과 크기(40)를 설정합니다.

06 도구에서 [사진]을 클릭합니다. 검색어를 '고구마'를 입력한 다음, 검색된 사진 목록에서 원하는 사진을 클릭합니다. 그러면 선택한 사진이 삽입됩니다.

따라하기 02 그림 서식 설정하기

01 사진의 밝기를 조절하기 위해 삽입한 사진을 클릭하여 선택한 다음, [사진] 창의 [속성] 탭에서 [직접 조정]을 클릭합니다.

02 [직접 조정] 탭에서 밝기는 '-24', 대비는'20', 채도는 '5'로 조절하여 사진의 색감을 진하고 선명하게 보정합니다.

> **TIP**
> · 채도 : 사진 색상의 선명함을 설정합니다. 채도가 높으면 색상이 더 밝고 눈에 띄며, 낮으면 흐리고 퇴색된 느낌입니다.
> · 대비 : 사진의 밝은 부분과 어두운 부분의 차이로, 대비가 높으면 밝은 부분은 더 밝아지고 어두운 부분은 더 어두워집니다.
> · 밝기 : 사진의 전체적인 빛의 양을 의미하며, 사진이 전반적으로 밝아지거나 어두워 집니다.

03 [사진] 창의 [속성] 탭에서 [반전]-[좌우 반전]을 클릭하여 사진을 반전시킵니다. 사진의 크기를 적당히 조절하여 원하는 위치로 사진을 이동시킵니다.

사진을 바꾸고 싶은 경우 페이지에 삽입한 그림을 선택한 다음, [비슷한 사진]의 [더보기]를 클릭하면 삽입한 그림과 비슷한 그림을 검색하여 표시해 줍니다.

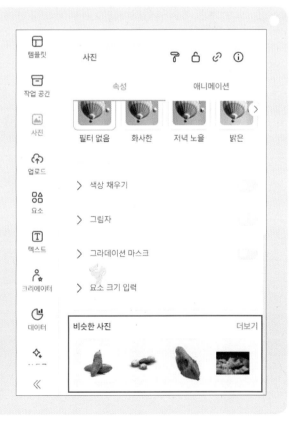

01 이번에는 미리캔버스에서 제공하는 사진이 아닌 직접 찍거나 찾은 사진 이미지를 삽입해 보겠습니다. 2페이지를 추가하기 위해 [페이지 추가]를 클릭하여 새로운 페이지를 삽입합니다.

02 도구에서 [배경]을 클릭합니다. 배경색 [색상] 단추를 클릭하여 사용 중인 색상에서 1페이지에 적용한 배경색을 선택합니다. 그러면 1페이지에 적용된 색상과 동일한 색상으로 채워집니다.

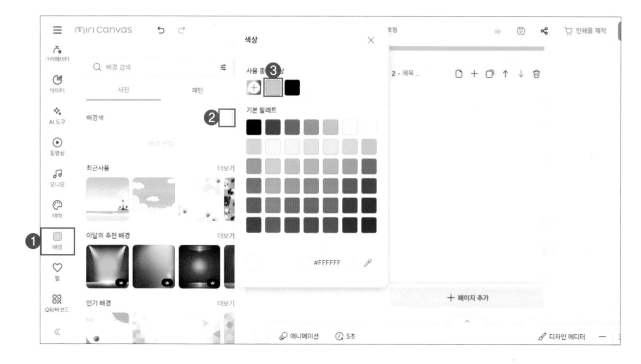

03 도구에서 [T][텍스트]-[제목 텍스트 추가]를 클릭하여 다음과 같이 제목을 삽입하고, 글꼴은 'TT투게더', 크기는 '75'로 설정하여 텍스트 상자의 크기를 조절합니다.

04 같은 방법으로 다음과 같이 부제목을 '네이버 고객 만족도 1위'로 입력하고, 글꼴은 '나눔명조 ExtraBold', 크기는 '28'로 설정합니다.

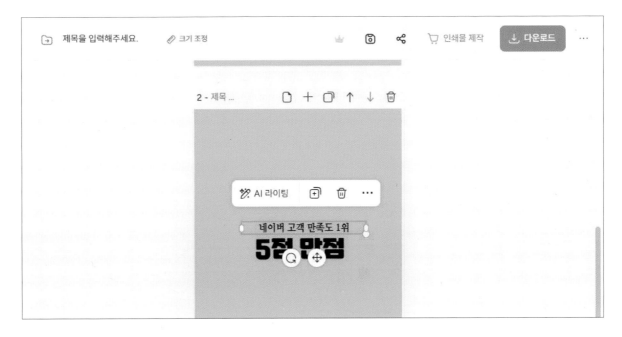

05 ☰[글자 조정]을 클릭한 다음, 자간을 '-5'로 설정하여 글자 사이의 간격을 조절합니다. Shift 를 누른 상태로 두 개의 텍스트를 모두 선택한 다음, 빠른 편집 도구에서 ⊕[그룹]을 클릭합니다.

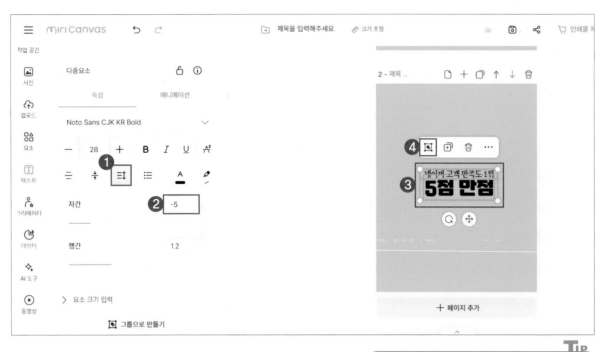

> **Tip**
> · 자간 : 글자와 글자 사이의 간격을 조절합니다.
> · 행간: 줄과 줄 사이의 간격을 조절합니다.
> · 장평 : 글자의 가로와 세로 비율을 조절합니다.

06 같은 방법으로 텍스트를 추가하여 '4.9'라고 입력한 다음, 글꼴은 'Pridi Bold', 크기는 '150', 글자색은 '빨강', 외곽선 두께는 '10'으로 설정합니다. 완료된 텍스트를 다음과 같이 위치시킵니다.

07 사진을 업로드하기 위해 도구에서 🔊[업로드]를 클릭하여 [업로드]를 선택합니다.

08 [열기] 창에서 업로드할 사진을 Shift 또는 Ctrl 을 누른 상태로 차례대로 선택한 다음, [열기]를 클릭합니다.

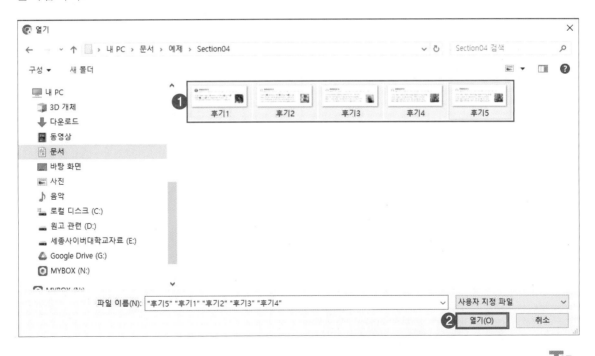

동영상 파일은 최대 100MB까지 업로드할 수 있습니다.

09 선택한 파일들이 좌측 '파일' 목록에 나타납니다. 이중에서 첫 번째 사진을 클릭하여 페이지에 삽입한 다음, 크기를 조절한 후 적당한 위치로 이동시킵니다.

10 같은 방법으로 나머지 이미지들도 차례대로 선택하여 다음과 같이 페이지에 삽입한 후, 보기 좋게 배치합니다.

업로드 파일 관리하기

■ 폴더 만들기

① [워크스페이스]의 [내 드라이브]를 클릭하여 [디자인 요소]를 클릭합니다.

② ⊞[새 폴더 만들기]를 클릭하여 나타난 [폴더 만들기] 창에서 폴더 이름을 '상품명'으로 입력하고 [만들기]를 클릭합니다.

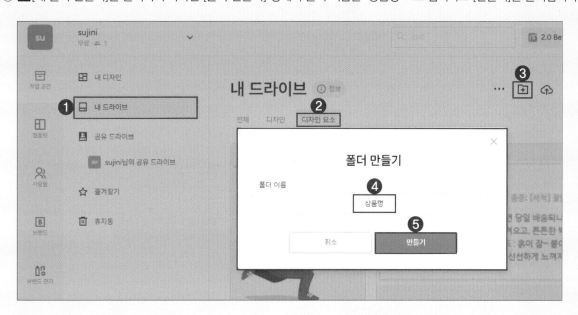

③ 상품평 폴더로 이동할 사진을 차례대로 선택합니다. 빠른 편집 도구에서 🗁[폴더]를 클릭하여 '상품명' 폴더를 선택하고 [이동]을 클릭합니다.

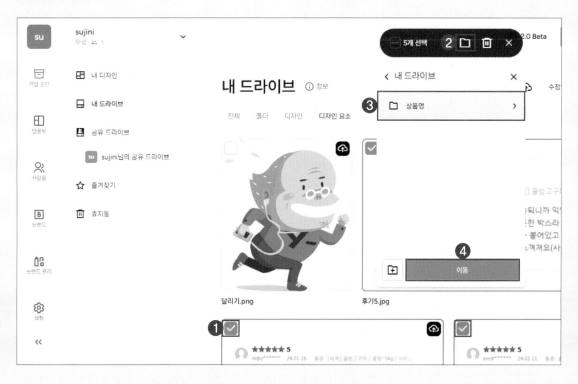

④ 내 드라이브에서 [폴더]를 클릭한 다음, [상품명]을 클릭하면 이동한 사진을 확인할 수 있습니다.

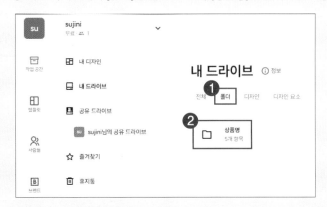

■ 업로드 파일 삭제하기

[워크스페이스]의 [내 드라이브] 화면에서 [디자인 요소]를 클릭하면 업로드한 사진이 보여집니다. 삭제할 사진을 선택한 다음, 빠른 편집 도구에서 🗑[휴지통]을 클릭합니다.

■ 업로드 파일 전체 영구 삭제하기

🔼[업로드]를 클릭하여 [업로드 정보]-[모든 업로드 파일 영구삭제]를 클릭합니다.

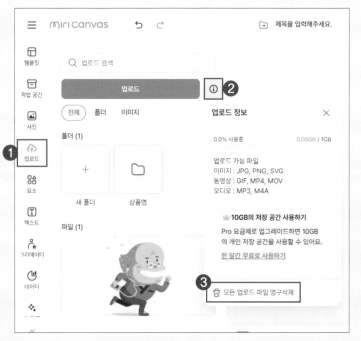

01 1페이지로 이동한 다음, 도구에서 ⯗[요소]를 클릭하여 [일러스트] 탭을 클릭합니다.

02 일러스트 검색어를 '고구마'로 입력합니다. 검색된 일러스트 이미지에서 원하는 이미지를 클릭하여 페이지에 삽입합니다.

03 삽입한 일러스트 이미지의 크기를 적당히 조절하여 다음과 같이 배치합니다.

04 도구에서 🔡[요소]를 클릭한 다음, 검색어를 '집중'으로 입력합니다. 검색된 일러스트 이미지에서 적당한 '집중' 이미지를 클릭하여 삽입합니다.

05 삽입한 일러스트 이미지의 크기를 적당히 조절하고, [일러스트] 창의 [속성] 탭에서 [순서]를 클릭하여 [맨 뒤로]를 선택합니다. 그러면 집중 이미지가 고구마 이미지 뒤로 이동됩니다.

06 [속성] 탭에서　[색상] 단추를 클릭한 다음, '흰색'을 선택하여 일러스트 이미지의 색을 변경합니다.

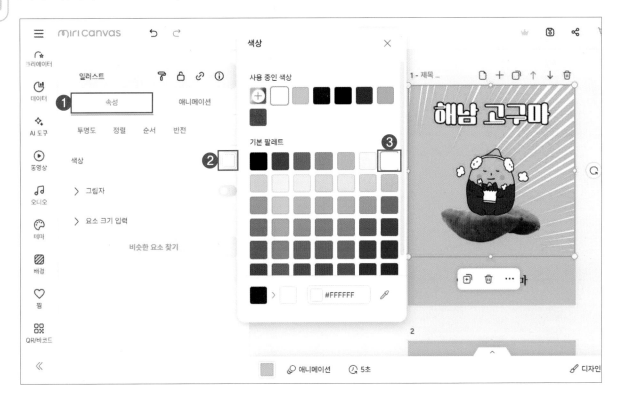

07 2페이지로 이동한 다음, 도구에서 品[요소]를 클릭하여 [일러스트] 탭에서 검색어를 '중요'로 입력합니다. 중요 표시 효과를 나타내는 일러스트 이미지를 클릭하여 삽입합니다.

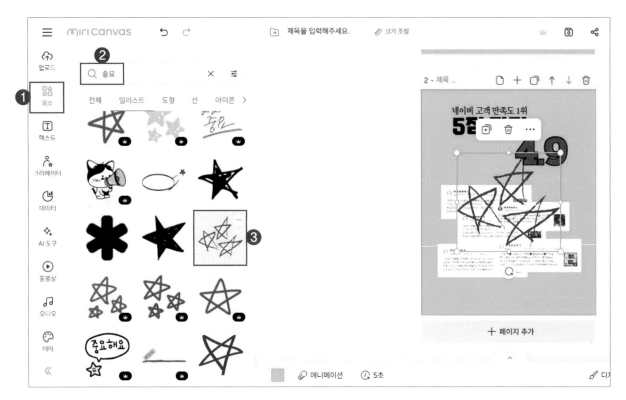

08 삽입된 이미지를 클릭한 다음, [일러스트] 창의 [속성] 탭에서　[색상] 단추를 클릭하여 '흰색'을 선택합니다.

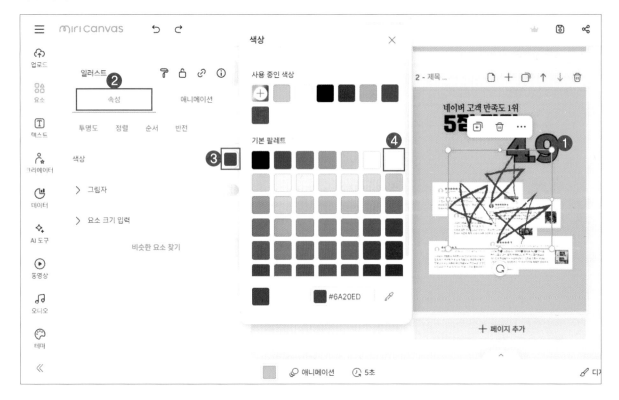

09 이미지를 다음과 같이 배치하여 완성한 다음, 파일 이름을 '상품홍보'로 입력합니다.

10 [다운로드]를 클릭하여 파일 형식은 'JPG[웹용]', 페이지 선택은 '모든 페이지[1~2]'를 선택하고, '한 장의 이미지로 합치기'에 체크 표시한 후, [고해상도 다운로드]를 클릭합니다.

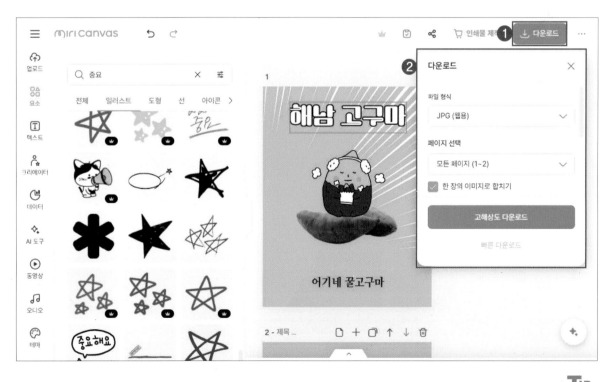

Tip
특정 페이지만 다운로드할 경우, 페이지 선택에서 다운로드할 페이지만 선택하면 됩니다.

11 [다른 이름으로 저장] 대화상자에서 저장할 폴더와 파일 이름을 입력하고 [저장]을 클릭합니다.

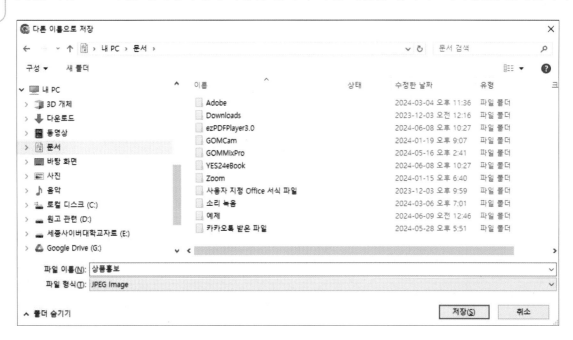

■ **요소 순서 설정하기**

• 앞으로 : 겹쳐있는 여러 개의 요소 중 선택한 요소가 한 단계 앞으로 이동합니다.
• 맨 앞으로 : 겹쳐있는 여러 개의 요소 중 선택한 요소가 맨 앞으로 이동합니다.
• 뒤로 : 겹쳐있는 여러 개의 요소 중 선택한 요소가 한 단계 뒤로 이동합니다.
• 맨 뒤로 : 겹쳐있는 여러 개의 요소 중 선택한 요소가 맨 뒤로 이동합니다.

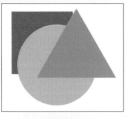

[원본]

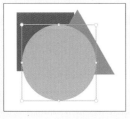

[앞으로]

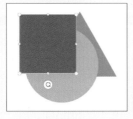

[맨 앞으로]

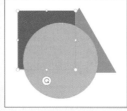

[뒤로]

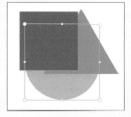

[맨 뒤로]

■ 레이어창 알아보기

❶ ☰[전체 메뉴]-[레이어 순서]를 클릭하거나, Ctrl + Shift + Y 를 눌러 레이어 창을 표시하거나 숨길 수 있습니다.

❷ 레이어 창에서 삽입한 요소는 이해하기 쉽게 이름을 변경할 수 있으며, 요소를 잠궈서 색이나 크기 등의 속성을 변경하지 못하도록 할 수 있습니다.

01

'설문조사'로 검색하여 나온 사진 이미지를 이용하여 설문조사 안내문을 만들어 보세요.

	글꼴	TT투게더
타이틀	크기	75
	색상	#FFFFFF
	글꼴	나눔명조 ExtraBold
내용	크기	45
	행간	1.5

02

다음과 같이 사진을 업로드하여 홍보 페이지를 만들어 보세요.

슬라이드크기	1080 × 1080
배경색	#2C3441
글꼴색	#FEF7CC, #FFFFFF, #FF4137
사진	선생님[여].png
	THE명품명조2M_U
글꼴	학교 안심 콧수염 R
	나눔 손글씨 바른 히피

03

다음과 같이 사진을 업로드한 다음, 2장의 페이지를 만들어 한 장으로 내 컴퓨터에 저장해 보세요.

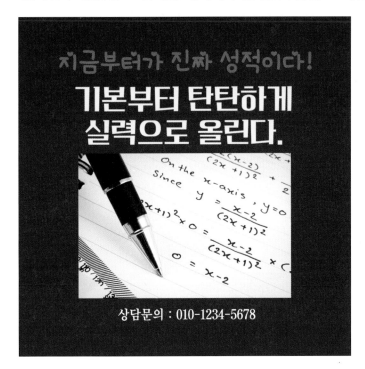

슬라이드크기	1080 × 1080
배경색	#2C3441,
글꼴색	#FEF7CC, #FFFFFF, #FF4137
사진	선생님[여].png
글꼴	나눔 손글씨 바른 히피
	학교 안심 여행 R
	조선굵은명조

04

워크스페이스에서 '여행plan'을 화면으로 불러와 페이지를 삽입하여 다음과 같이 만들어 보세요.

배경색	#C0A88F
글꼴	쿠키런 Bold / 학교 안심 분필
여행	여행.jpg
힌트	워크스페이스 공간에서 '여행plan' 디자인을 클릭하여 편집할 수 있습니다.

05 도형으로 스티커 제작하기

도형은 그래픽 디자인을 하는데 있어 필수 요소라고 할 수 있습니다. 미리캔버스에서는 기본 도형, 테두리 도형, 선뿐만 아니라 사각형, 네모, 원형, 차트 등을 마음대로 활용하여 디자인할 수 있습니다.

학습목표

다양한 도형을 삽입할 수 있습니다.
도형의 채우기 색이나 테두리 색을 변경할 수 있습니다.
도형의 서식을 변경할 수 없도록 잠글 수 있습니다.

따라하기 01 도형 삽입하기

01 [워크스페이스] 작업 화면에서 [새 디자인 만들기]-[직접 입력]을 클릭합니다. 단위를 'cm'으로 선택하고 가로는 '9', 세로는 '4.5'로 입력한 다음, [새 디자인 만들기]를 클릭합니다.

02 도구에서 品 [요소]를 클릭한 후, [도형] 탭의 [기본 도형]에서 '사각형'을 클릭합니다.

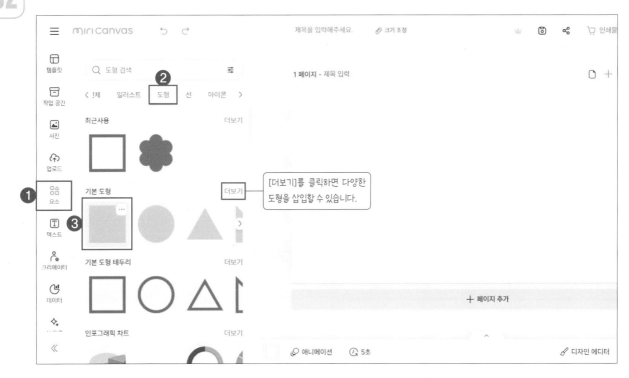

03 삽입한 도형을 클릭하여 선택한 다음, [도형] 창의 [속성] 탭에서 [요소 크기 입력]을 클릭합니다.

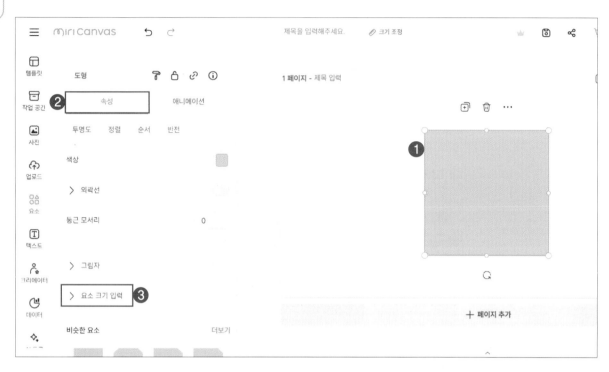

04 요소 크기 입력 옵션에서 🔒 [가로 세로 비율 고정]을 클릭하여 비율 고정을 해제한 후 가로는 '8', 세로는 '4'를 입력합니다.

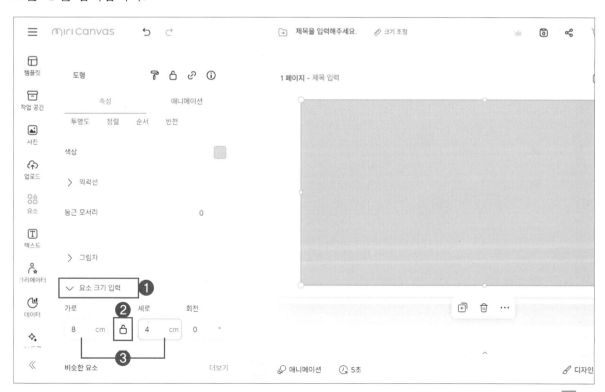

> **Tip**
> 가로 세로 비율이 고정(🔒)되어 있으면 원래의 도형 비율을 유지하면서 도형의 크기를 조절할 수 있습니다.

■ 선 삽입하기

[요소]를 클릭한 후, [선] 탭에서 직선이나 점선, 밑줄/색연필, 곡선, 꺾은선 등 여러 종류의 선을 삽입할 수 있습니다.

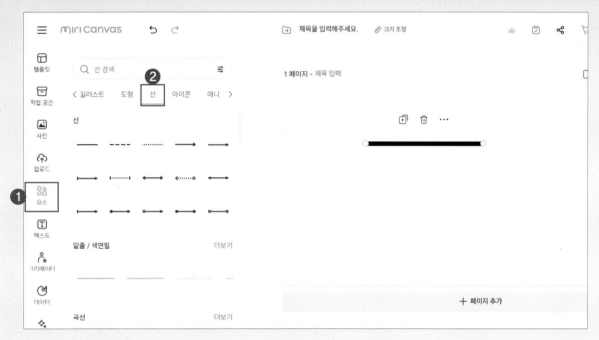

■ 선 길이와 회전

선 크기 조절 핸들을 이용하여 선의 길이를 조절할 수 있으며, 원하는 각도로 조절할 수 있습니다. 삽입한 선은 수평선으로 삽입되며, Shift를 누른 상태에서 크기 조절 핸들을 90도 회전시키면 수직선이 됩니다.

	Ctrl	Shift
크기 조절	선의 중심을 기준으로 양방향으로 크기 조절	수직 또는 수평 방향으로 크기 조절
각도 조절	선의 중심을 기준으로 양 방향으로 원하는 각도로 회전	선의 왼쪽 또는 오른쪽을 기준으로 15도 각도로 회전

[기본 도형]

[Ctrl] + 드래그

[Shift] + 드래그

01 도형의 면색을 설정하기 위해 [도형] 창의 [속성] 탭에서 ■ [색상] 단추를 클릭하여 나타난 [색상] 창에서 '흰색'을 클릭합니다.

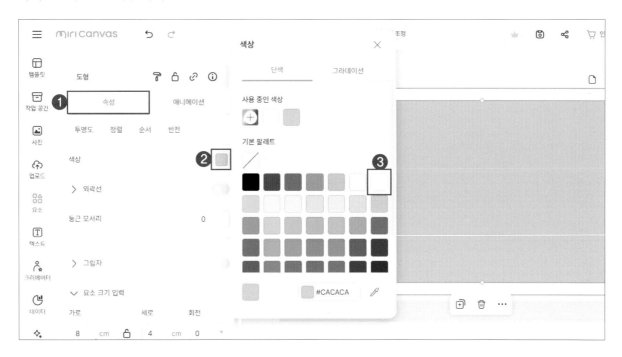

02 외곽선 색을 설정하기 위해 [외곽선]을 클릭하여 활성화한 다음, ■ [색상] 단추를 클릭하여 나타난 [색상] 창에서 '#FF0000'(빨강)을 지정하고 두께를 '3'으로 설정합니다.

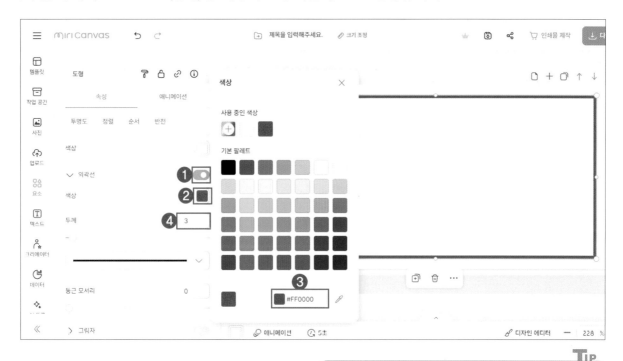

TIP

[속성] 탭에서 도형의 면색, 외곽선 색, 두께, 선 스타일, 둥근 모서리의 곡률을 변경할 수 있습니다.

03 빠른 편집 도구에서 ⊕[복제하기]를 클릭하여 도형을 하나 더 복제합니다. 마우스로 빈 곳을 클릭하여 도형을 해제한 후, 다시 복제된 도형을 선택합니다.

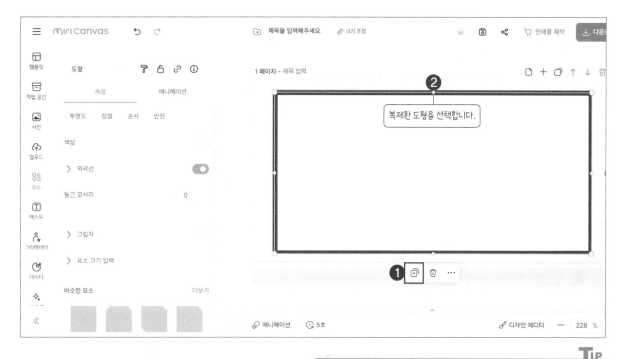

> **TIP**
> 복제 후 바로 크기를 조절하면 2개의 도형이 같이 축소될 수 있으므로 해제한 후, 이동시키려는 도형만 다시 선택하는 것이 좋습니다.

04 [도형] 창의 [속성] 탭에서 [요소 크기 입력]을 클릭합니다. 🔒[가로 세로 비율 고정]을 클릭하여 비율 고정을 해제한 다음, 세로 값을 '1.5'를 입력하고 Enter 를 누릅니다.

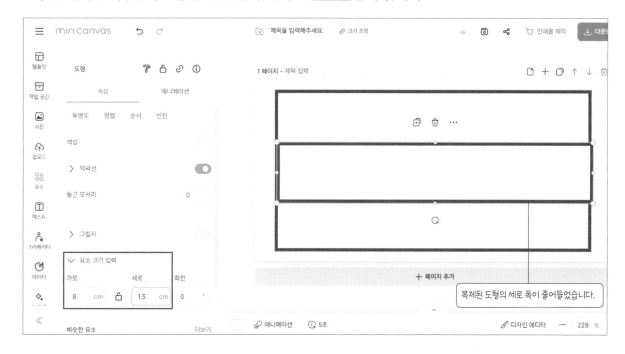

05 면색을 지정하기 위해　[색상]단추를 클릭하여 사용 중인 색상에서 '빨강'을 클릭합니다.

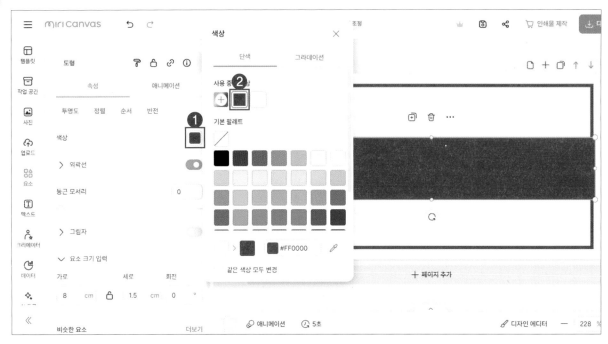

06 Shift 를 누른 상태로 2개의 도형을 모두 선택한 다음, [다중요소] 창의 [속성] 탭에서 [정렬]-[하단]을 클릭하여 아래쪽으로 이동시킵니다. 이어서 [정렬]-[왼쪽]을 클릭하여 도형을 위치를 맞춥니다.

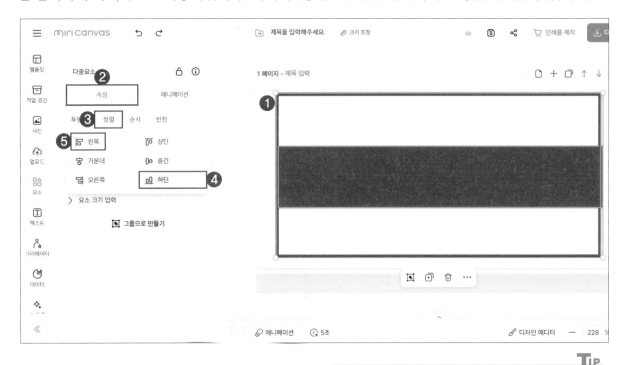

TIP
Shift 를 누른 상태로 도형을 클릭하여 여러 개의 도형을 선택할 수 있습니다.

07 도형의 위치나 속성을 변경하지 못하도록 [다중요소] 창에서 🔒[전체 잠금]을 클릭합니다.

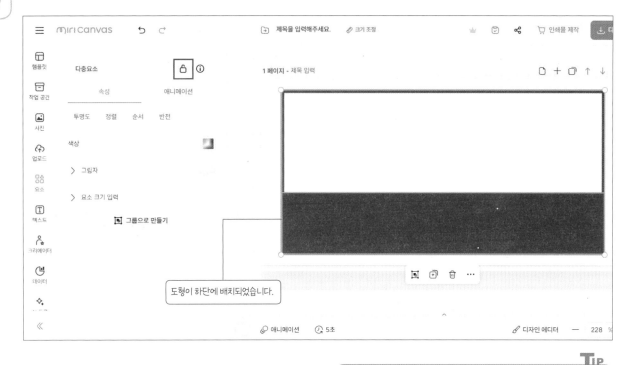

도형이 하단에 배치되었습니다.

> **TIP**
> [속성] 탭에서 🔒[전체 잠금]을 활성화(🔒)하면 도형이 잠겨 크기나 색, 위치 등의 속성 값을 변경할 수 없습니다.

08 도구에서 Ⓣ[텍스트]를 클릭하여 내용을 입력한 다음, 원하는 글꼴과 색을 설정합니다.

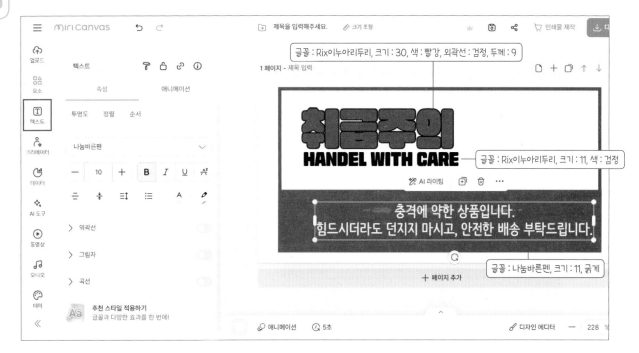

글꼴 : Rix이누아리두리, 크기 : 30, 색 : 빨강, 외곽선 : 검정, 두께 : 9

글꼴 : Rix이누아리두리, 크기 : 11, 색 : 검정

글꼴 : 나눔바른펜, 크기 : 11, 굵게

09 도구에서 ☷[요소]를 클릭한 다음, [일러스트] 탭을 클릭합니다. 검색란에 '뜨거운 커피잔'을 입력하고 검색된 일러스트 이미지에서 다음과 같이 커피잔을 선택하여 삽입합니다.

> **TIP**
> 아래 10번 따라하기를 하려면 반드시 그림과 같은 커피잔을 찾아 삽입해야 합니다. 그 이유는 우측 [알아두기]에서 설명하였습니다.

10 삽입한 이미지의 뜨거운 연기 그림을 지우고 커피잔만 표시하려고 합니다. 커피잔 이미지를 그림과 같이 이동시킨 다음, [비트맵] 창의 [속성] 탭에서 [자르기]를 클릭합니다. 자르기 핸들을 드래그하여 이미지의 필요 없는 부분을 자른 후 √[확인]을 클릭합니다.

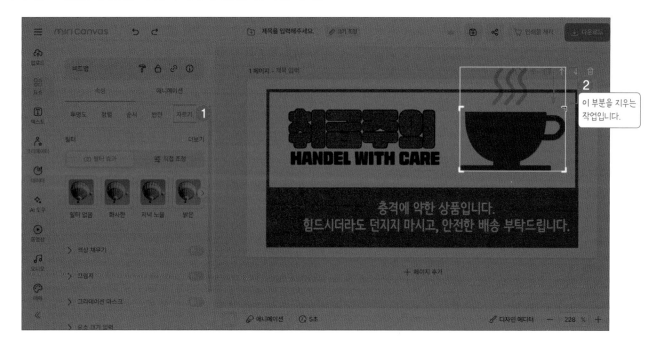

이미지의 종류(벡터와 비트맵 이미지의 차이)

■ 비트맵 이미지

픽셀(점)들의 조합으로 표현되는 방식으로, 정교하고 다양한 색상 표현이 가능하지만, 크게 확대하는 경우 계단식 형상으로 인해 품질이 떨어지는 단점이 있습니다(운동장에서 사람들이 카드섹션으로 그림이나 글자를 표현하는 방식을 생각하면 됩니다). 비트맵 이미지 파일 형식 : jpg, jpeg, png, gif

■ 벡터 이미지

수학적 원리로 점과 점을 연결해 표현하는 방식으로, 크게 확대해도 이미지가 손상되지 않는 장점이 있어 높은 해상도를 요구하는 디자인에 많이 사용됩니다. 벡터 이미지 파일 형식 : ai, eps, svg

종합하면 비트맵 이미지는 크기가 커질수록 용량이 늘어나고 계단식 현상으로 인해 그림이 깨져 보이지만, 벡터 이미지는 이미지 크기와 상관없이 용량은 작으며 무한대로 확대하더라도 깨짐 현상 없이 원본을 유지합니다. 단, 벡터 방식의 큰 단점은 사실적인 이미지를 재현할 수 없습니다.

미리캔버스에서는 삽입되는 이미지 형식이 벡터인 경우 첫 번째 그림처럼 '일러스트'란 제목이 보이며, [색상] 단추를 누르면 이미지의 색상을 변경할 수도 있습니다. 그러나 비트맵 이미지는 두 번째 그림처럼 '비트맵'이란 제목이 보이고 [자르기] 메뉴가 나타나 그림의 일부를 자를 수 있습니다. 그러나 색상 변경은 안됩니다.

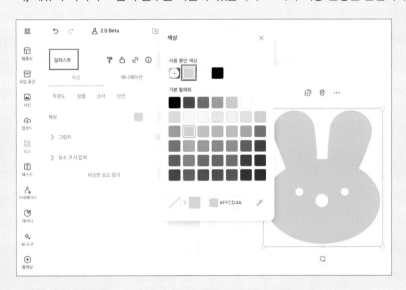

11 다시 ⬡[요소]를 클릭하여 [일러스트] 탭의 검색란에 '번개'를 검색합니다. '노란색 번개'를 클릭하여 삽입합니다.

12 커피잔 위에 번개 이미지를 위치시키고 다음과 같이 크기를 조절합니다.

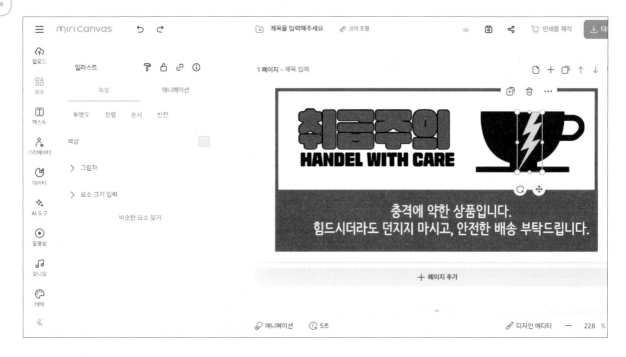

13 [일러스트] 창의 [속성] 탭에서 ▦ [색상] 단추를 클릭한 다음, [색상] 창에서 '흰색'을 클릭하면 커피잔이 깨진 모습으로 표현됩니다.

14 Shift 를 누른 상태로 커피잔과 번개 이미지를 차례대로 클릭하여 선택합니다. 빠른 편집 도구에서 ⛶ [그룹]을 클릭하여 두 개의 요소를 하나의 그룹으로 묶습니다.

15 다시 [요소]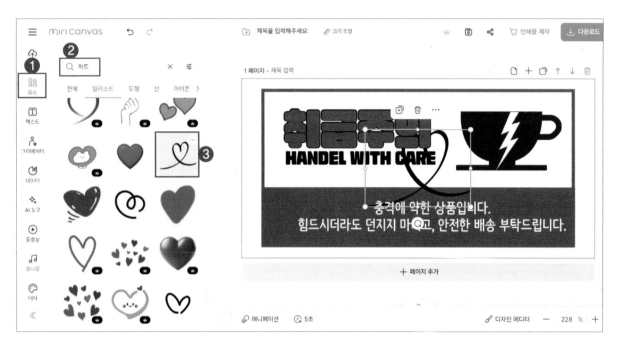를 클릭하여 검색란에 '하트'를 입력하여 검색합니다. 원하는 하트 이미지를 클릭하여 삽입합니다.

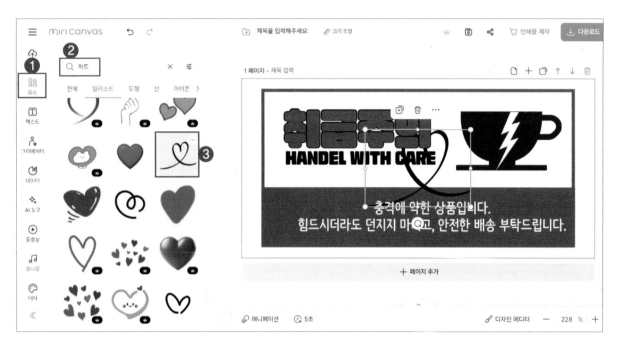

16 하트를 클릭한 다음, [속성] 탭의 ■[색상] 단추를 클릭하여 나타난 [색상] 창에서 '흰색'을 선택합니다. [그림자]를 클릭하여 활성화한 다음, 그림자 거리를 '7'로 설정합니다. 크기를 적당히 조절하여 스티커를 완성합니다.

선 도형 서식 설정하기

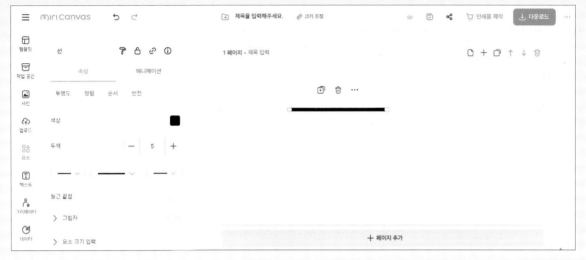

❶ 선 색상 : 색상 단추를 클릭하여 나타난 [색상] 창에서 원하는 색을 선택하거나 [직접 조정]을 클릭하여 색을 설정할 수 있습니다.

❷ 화살표 모양 / 선 스타일
선의 시작점과 끝점 모양을 설정할 수 있으며, 선 스타일을 변경할 수 있습니다.

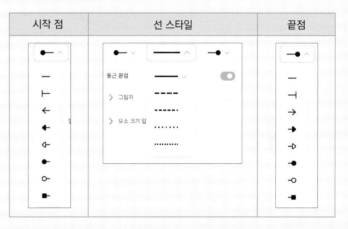

시작 점	선 스타일	끝점

❸ 둥근 끝점
선의 왼쪽 끝과 오른쪽 끝을 둥근 모양으로 설정할 수 있습니다.

■ 점선 테두리 설정하기

도형을 선택한 다음, [속성] 탭에서 [외곽선]을 클릭합니다. 외곽선 스타일 목록[▼] 단추를 클릭하여 실선이나 점선으로 설정할 수 있으며, 외곽선의 두께 값이 작으면 얇은 점선, 크면 넓은 점선으로 설정됩니다.

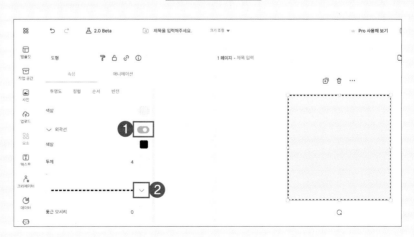

01

일러스트 그림과 도형을 이용하여 스티커를 만들어 보세요.

일러스트 검색어	지붕
글꼴	레코체, 학교 안심 꾸러기

02

선물 꾸러미 사진을 업로드하여 다음과 같이 환영 배너를 만들어 보세요.

글꼴	210 꽃방울 R, 학교 안심 뜀틀 R, 조선굵은 명조

03

도형을 이용하여 나만의 로고를 만들어 보세요.

04

'여행pan'을 화면에 불러와 도형과 일러스트 이미지를 이용하여 다음과 같이 표지를 수정해 보세요.

06 표를 이용히여 리플렛 만들기

표를 이용하면 텍스트로 이루어진 정보를 일정한 형식이나 순서에 따라 체계적으로 정리하여 시각적으로 표현할 수 있습니다. 이번 단원에서는 표를 이용하여 디자인하는 방법을 알아봅니다.

Preview

 학습목표

안내선을 추가할 수 있습니다.
표를 삽입할 수 있습니다.
표 서식을 설정할 수 있습니다.

2025
10월 수강생 모집 안내

배움터 교육장

교육일정	교육시간	과목명	교육내용	모집인원
월/수/금 [10. 7.(월)~10.30.(수)]	09:30 ~ 12:00	스마트폰 활용	스마트폰으로 빠르게 정보 검색하기	15명
	13:00 ~ 15:00	컴퓨터 기초	윈도우 11 + 인터넷	10명
	16:00 ~ 18:00	OA 자격증	ITQ (한글/엑셀/파워포인트)	20명
화/목 [10. 8.(화)~10.31.(목)]	09:30 ~ 12:00	스마트폰 기초	슬기로운 스마트폰 사용법	15명
	16:00 ~ 18:00	OA 기초	한글 2022로 문서 편집하기	20명

교육기간 2025. 10. 7.(월) ~ 10. 31.(목)

신청일정 2025. 9. 23.(월) ~ 9. 27.(목), 인터넷 신청
정원에 50% 미만 신청시 폐강

신청방법 인터넷 신청 : 배움터 교육 홈페이지
전화 신청 : 02-0000-0000

교육비용 교육비 무료(교재비 별도)

따라하기 01 리플렛 표 삽입하기

01 워크스페이스 작업 화면으로 이동한 다음, [새 디자인 만들기]를 클릭하여 [인쇄용] 탭에서 [인쇄 규격 사이즈]-[A4]를 클릭합니다.

02 도구에서 器[요소]를 클릭한 다음, 요소 메뉴의 '〉' 단추를 클릭하여 보이지 않는 메뉴를 표시합니다.

03 [표] 탭을 클릭하여 [기본 스타일]에서 '기본테마 02' 표를 선택하여 페이지에 삽입합니다.

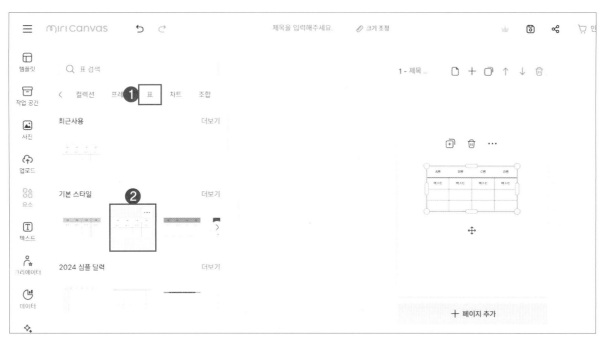

04 작업을 편하게 하기 위해 화면 확대를 100%로 입력하여 편집 화면을 확대합니다.

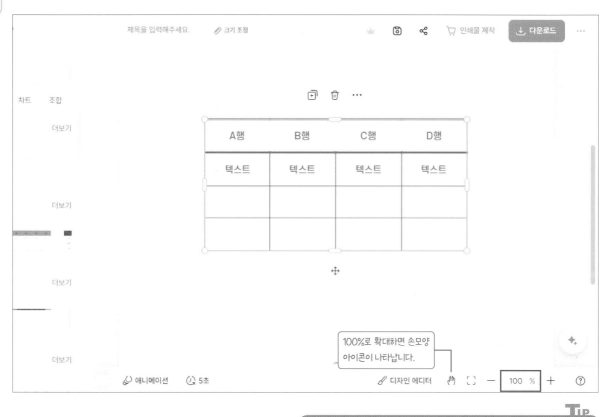

Tip
+를 클릭하면 편집 화면이 확대되며, −를 클릭하면 축소됩니다.

05 표가 선택되어 있는 상태에서 첫 번째 셀인 'A행'을 클릭한 다음, 마우스 오른쪽 단추를 클릭하여 나타난 단축 메뉴에서 [1개 행 삭제]을 클릭하여 행을 삭제합니다.

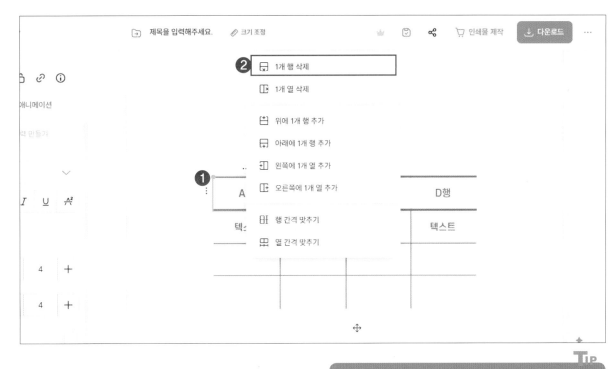

> **Tip**
> 셀을 선택한 다음, 마우스 오른쪽 단추를 클릭하여 나타난 단축 메뉴에서 행 또는 열을 추가하거나 삭제할 수 있습니다.

06 [표] 창의 [속성] 탭에서 행은 6, 열은 5로 설정하여 표의 행과 열을 추가합니다.

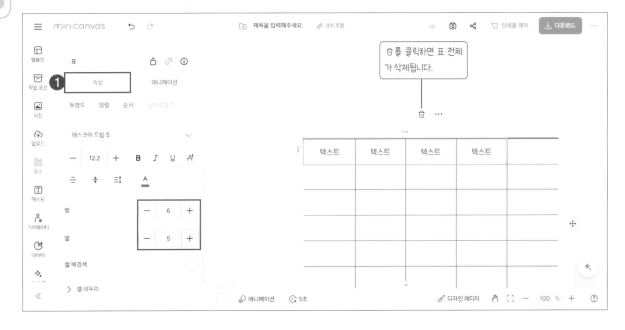

07 표를 드래그하여 적당한 위치로 이동한 다음, 크기 조절 핸들을 이용하여 표 전체 크기를 조절합니다.

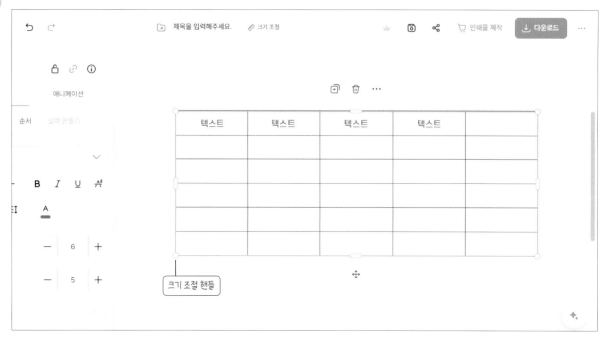

08 첫 번째 셀을 클릭한 다음, 다시 한번 더 클릭하면 커서가 표시되면서 텍스트 입력 상태가 됩니다. "교육 일정"을 입력합니다.

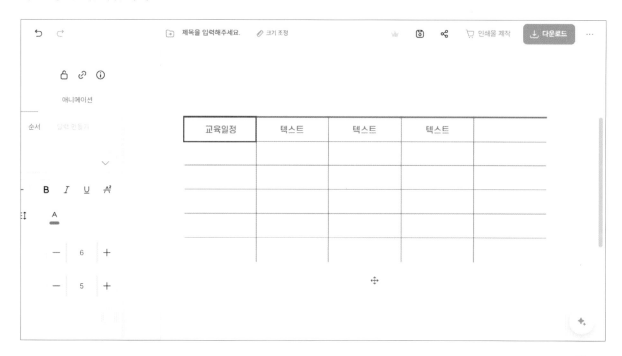

Tip

텍스트를 입력할 셀을 클릭하여 선택한 다음 다시 한번 더 클릭해야 텍스트를 입력할 수 있습니다.

09 같은 방법으로 다음과 같이 내용을 입력합니다.

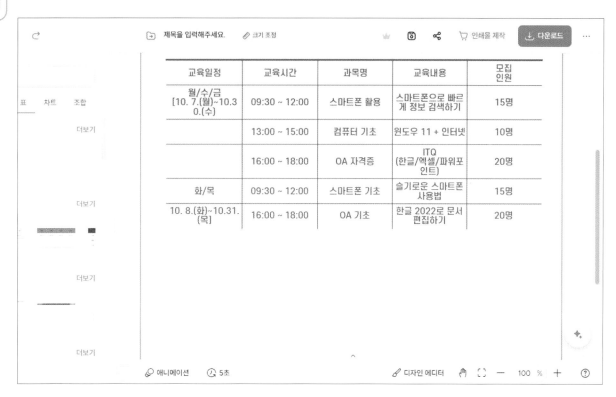

10 표를 선택한 다음 [속성] 탭에서 글꼴은 '엘리스디지털배움체', 글자 크기는 '11', 글자 색은 '검정'으로 설정합니다.

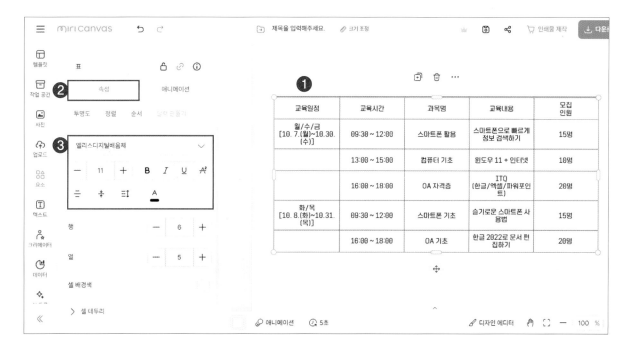

11 표의 가로선과 세로선을 드래그하여 셀의 너비와 높이를 보기 좋게 조절합니다.

12 '교육시간' 셀을 클릭하여 선택한 후, 다음과 같이 드래그하여 셀 블록을 설정합니다.

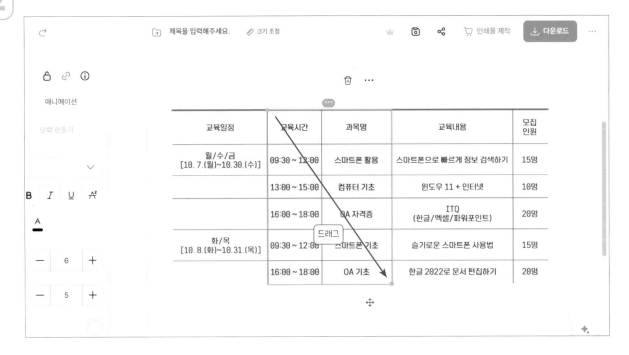

13 지정한 블록 위에서 마우스 오른쪽 단추를 클릭하여 나타난 단축 메뉴에서 [열 간격 맞추기]를 클릭하여 두 셀의 너비를 같은 간격으로 조절합니다.

14 같은 방법으로 다음과 같이 셀 블록을 설정한 다음, 마우스 오른쪽 단추를 클릭하여 나타난 단축 메뉴에서 [행 간격 맞추기]를 클릭하여 셀의 높이를 같은 간격으로 조절합니다.

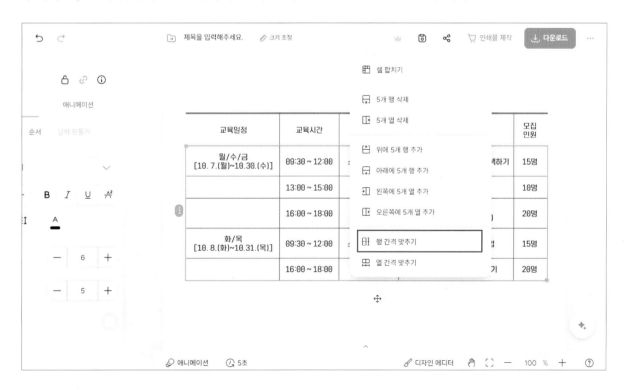

15 하나로 합칠 셀을 블록 설정한 다음, 마우스 오른쪽 단추를 클릭하여 나타난 단축 메뉴에서 [셀 합치기]를 클릭합니다.

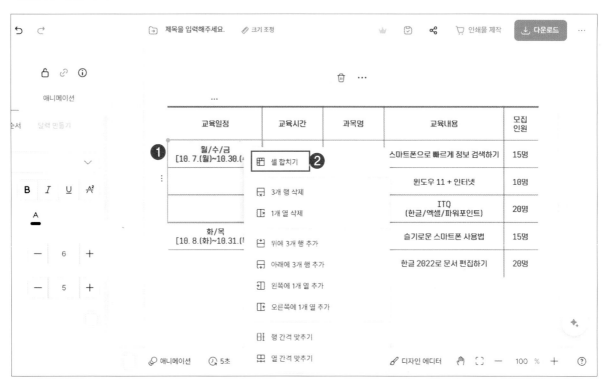

16 같은 방법으로 다음과 같이 셀을 합친 다음, 표의 전체 높이를 적당히 조절합니다.

> **Tip**
> [속성] 탭에서 행 또는 열의 값을 입력하면 삽입한 표의
> 맨 아래 또는 오른쪽으로 행이나 열이 추가됩니다.

글자 정렬

[속성] 탭에서 ≡ [글자 정렬]을 클릭하면 왼쪽 정렬, 가운데 정렬, 오른쪽 정렬, 양쪽 정렬을 설정할 수 있습니다.

글자 조정

≡↕ [글자 조정]을 클릭하면 자간이나, 줄간격, 글자의 가로와 세로 비율을 조절할 수 있습니다.

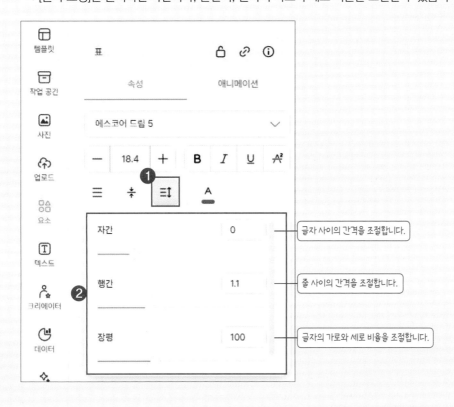

자간 — 글자 사이의 간격을 조절합니다.

행간 — 줄 사이의 간격을 조절합니다.

장평 — 글자의 가로와 세로 비율을 조절합니다.

■ 셀 선택하기

표를 선택한 다음, 셀 블록 설정할 셀을 클릭합니다.

■ 여러 셀 블록 설정하기

하나의 셀이 선택된 상태에서 마우스로 드래그합니다.

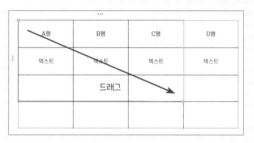

■ 비연속 셀 블록 설정하기

하나의 셀이 선택된 상태에서 Ctrl 을 누른 상태로 선택할 셀을 차례대로 클릭합니다.

■ 열 전체/ 행 전체 선택하기

선택한 셀 위 또는 왼쪽에 표시된 ⋯ 을 클릭하면 열 전체 또는 행 전체를 선택할 수 있습니다.

01 다음과 같이 표의 제목 셀을 블록 설정합니다. [표] 창의 [속성] 탭에서 셀 배경색의 ☐ [색상] 단추를 클릭하여 나타난 [색상] 창에서 원하는 색을 클릭합니다.

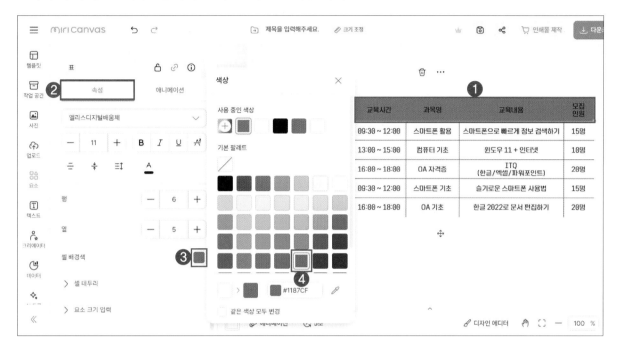

02 [속성] 탭에서 글자 크기는 '13', 글자 속성은 '굵게', 글자 색은 '흰색'으로 설정합니다.

03 표 전체를 선택한 다음, [표] 창의 [속성] 탭에서 [셀 테두리]를 클릭합니다. 하위 메뉴가 나타나면
     [색상] 단추를 클릭하여 '검정'을 선택하고, 테두리에서 ⊞[모든 테두리 적용]을 클릭합니다.

04 첫 번째 셀을 선택한 다음, 셀 전체를 드래그하여 블록을 설정합니다. 셀 테두리 색을 '색 없음'으로
     선택하고, 테두리의 ▏[왼쪽 테두리 적용]과 ▏[오른쪽 테두리 적용]을 클릭합니다.

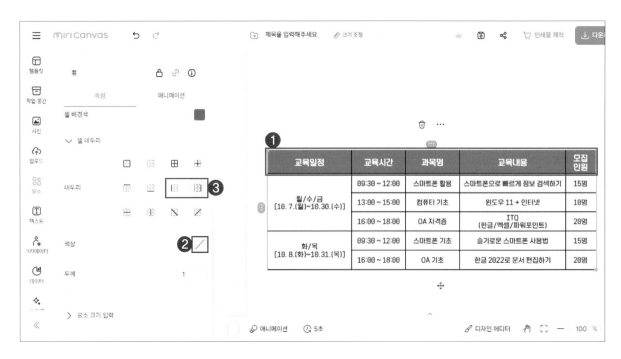

05 표를 적당한 위치로 이동한 다음, 도구에서 ▨[배경]을 클릭합니다. [사진] 탭에서 검색어를 '구름'으로 입력하여 원하는 배경 이미지를 클릭합니다.

06 ❖[요소]를 클릭한 다음, [도형] 탭에서 검색어로 '글상자'를 검색합니다. 검색된 도형에서 다음과 같은 글상자 도형을 클릭하여 삽입합니다.

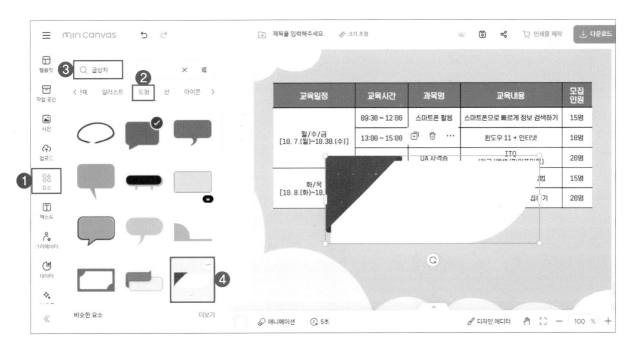

07 삽입된 글상자 도형을 클릭한 다음, [속성] 탭에서 [반전]을 클릭하여 [상하 반전]을 클릭합니다.

도형이 뒤집어 졌습니다.

08 표 위로 도형을 이동시키고, 크기를 조절합니다. [속성] 탭에서 [순서]-[맨 뒤로 보내기]를 클릭하여 표 뒤로 도형을 이동시켜 배치합니다.

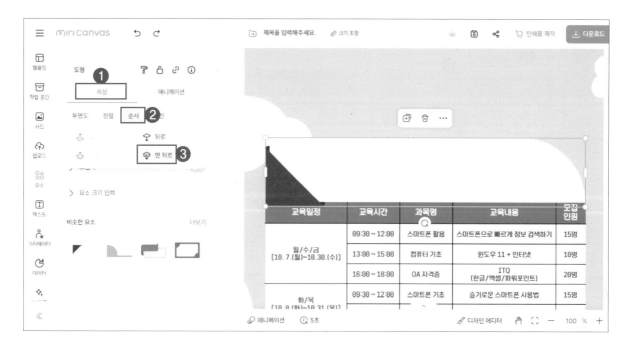

09 같은 방법으로 일러스트 요소와 텍스트를 이용하여 다음과 같이 제목을 입력합니다. 화면을 아래로 이동하기 위해 🖐를 클릭합니다.

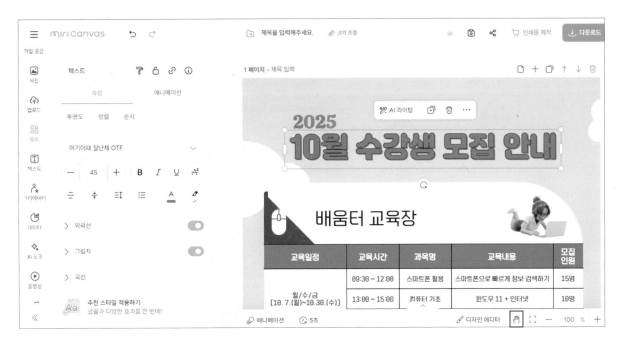

10 마우스 포인터가 🖐로 바뀌면 화면을 위로 드래그하여 이동시킨 다음, 다시 🖐를 클릭하여 해제합니다.

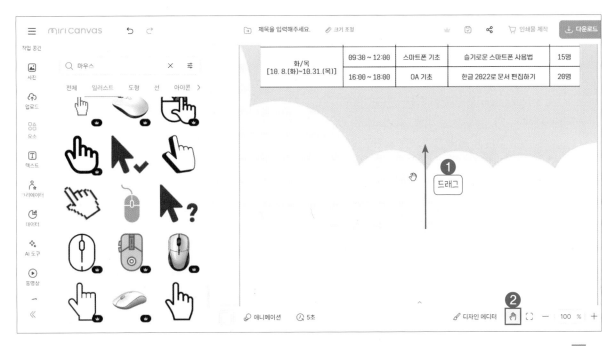

TIP

🖐를 클릭하여 편집 화면을 이동할 수 있습니다.

11 도형과 텍스트를 이용하여 다음과 같이 내용을 입력하여 완성한 다음, ⌖를 클릭하여 화면 크기로 편집 화면을 축소합니다.

■ 눈금자 표시하기

눈금자 보기를 하면 화면에 가로와 세로 눈금자가 표시되어 삽입되는 개체의 크기나 위치를 배치할 때 유용합니다.

≡[전체 메뉴]를 클릭한 다음, 고급 기능의 [안내선 설정]-[눈금자 보기]를 클릭하거나 Ctrl + Alt + R 을 누르면 화면에 가로, 세로 눈금자가 표시됩니다.

■ 안내선 설정하기

가로 안내선과 세로 안내선을 추가하여 페이지에 가이드 선을 배치하면 요소를 원하는 위치에 배치할 수 있습니다.

❶ 안내선 표시하기

≡[전체 메뉴]를 클릭한 다음, 고급 기능의 [안내선 설정]을 클릭하여 가로 안내선이나 세로 안내선을 추가할 수 있습니다.

❷ 안내선 이동하기

화면에 표시된 가로 안내선을 위로 드래그하여 이동할 수 있으며, 안내선 위치값이 표시됩니다.

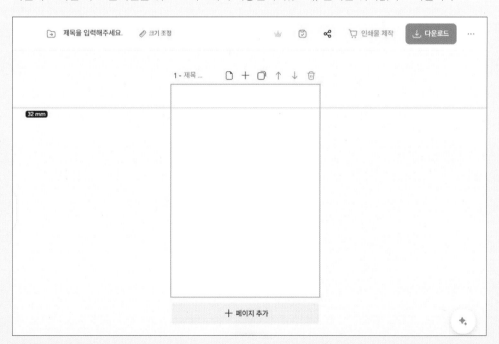

❸ 안내선 잠금

화면에 표시된 안내선이 이동되지 않도록 설정할 수 있습니다.

❹ 안내선 초기화

화면에 표시된 안내선을 초기화시킬 수 있습니다.

01

사진을 업로드하여 다음과 같이 프로젝트 홍보 페이지를 만들어 보세요.

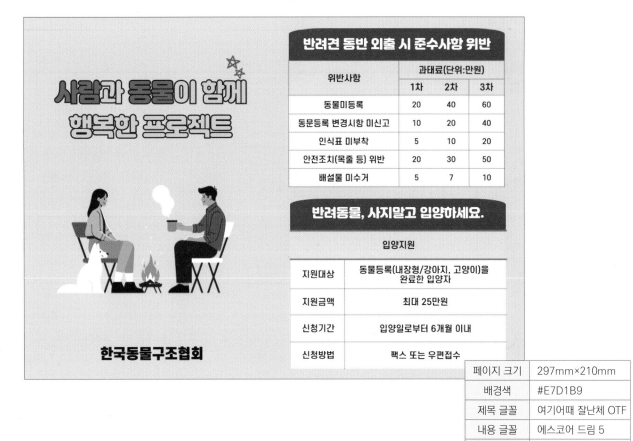

페이지 크기	297mm×210mm
배경색	#E7D1B9
제목 글꼴	여기어때 잘난체 OTF
내용 글꼴	에스코어 드림 5
사진	반려견.jpg

02

표와 일러스트 요소를 이용하여 다음과 같이 배송안내 배너를 만들어 보세요.

03

표를 이용하여 원산지 안내 배너를 만들어 보세요.

품목	원산지	메뉴
돼지고기	국내산	삼겹살.김치찌게
목살	칠레산	
된장	국내산	된장찌게
쌀	국내산	공깃밥
김치	국내 & 중국	밑반찬

04

'여행pan'을 화면에 불러와 페이지를 추가하여 여행 일정표를 만들어 보세요.

부산일쩡

1일차	서울에서 부산으로 대한항공 타고 가기	김천문화마을 방문	해동 용궁사를 가볼까?
2일차	태종대가서 일출을 보자! 일찍 일어나~	부산하면 자갈치 시장	국제 시장도 빠지면 섭섭하지!
3일차	속이 뻥 뚫리는 바다를 안가면 안돼지! 돼지 국밥 한 그릇	송도 스카이워크가서 하늘을 걸어보자!	부산에서 서울로 KTX 타고 홈으로

Busan Trabel

07 통계지료 키드 뉴스 만들기

데이터를 이해하기 쉽게 도형이나 차트 등으로 설명하는 것을 시각화라고 하며, 복잡한 데이터를 차트로 표현하면 내용을 좀 더 쉽게 이해할 수 있어서 좋습니다. 미리캔버스를 이용하면 간단하게 도넛 차트, 막대 차트 등을 삽입하여 디자인할 수 있습니다.

Preview

■■ 학습목표

차트를 삽입할 수 있습니다.
차트 서식을 설정할 수 있습니다.
조합 도형을 삽입할 수 있습니다.
완성 파일을 공유할 수 있습니다.

대한민국의 기대수명

우리나라 기대 수명은 OECD 국가 평균 보다 높아 상위권에 속한다.

19.97
OECD 평균
80.03

16.4
대한민국 평균
83.6

국가별 남녀 기대 수명

	83.2	75.2	80.2	85.3	85.9	76.4
	OECD	미국	영국	독일	스웨덴	프랑스

	78	73.5	78.4	78.4	81.5	69.4
	OECD	미국	영국	독일	스웨덴	프랑스

건강 위험 요인

음주
지나친 음주는 건강을 위협할 뿐만 아니라 사고, 폭력 등을 유발할 수 있습니다.

비만
심장질환, 뇌졸중 및 시장 문제와 같은 건강 문제가 발생할 위험이 증가합니다.

흡연
흡연은 폐암, 심장병, 호흡기질환 등 다양한 질병을 유발 할 수 있습니다.

스트레스
스트레스는 정신적 건강 뿐만 아니라 육체적 건강에도 영향을 미칩니다.

01 워크스페이스 작업 화면으로 이동한 후, [새 디자인 만들기]를 클릭한 다음, [웹용] 탭에서 [직접입력]을 선택합니다. 가로는 '1080', 세로는 '1920'을 입력하고 [새 디자인 만들기]를 클릭합니다.

02 ☰[전체 메뉴]를 클릭한 다음, [안내선 설정]-[가로 안내선 추가]를 클릭합니다.

03 추가된 안내선을 위로 드래그하여 '513px' 위치로 이동시킵니다.

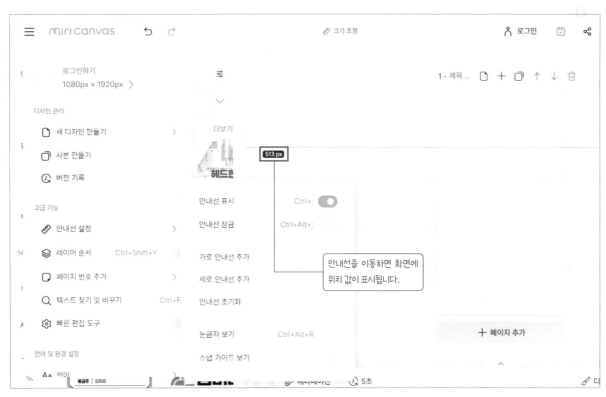

04 같은 방법으로 다음과 같이 가로 안내선을 3개 더 추가하여 카드 뉴스 내용에 따른 구역을 표시합니다.

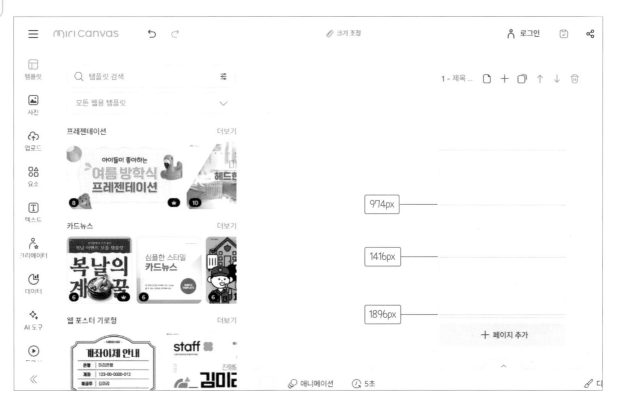

05 ☰[전체 메뉴]를 클릭한 다음, [안내선 설정]-[세로 안내선 추가]를 클릭하여 세로 가운데에 안내선을 추가합니다.

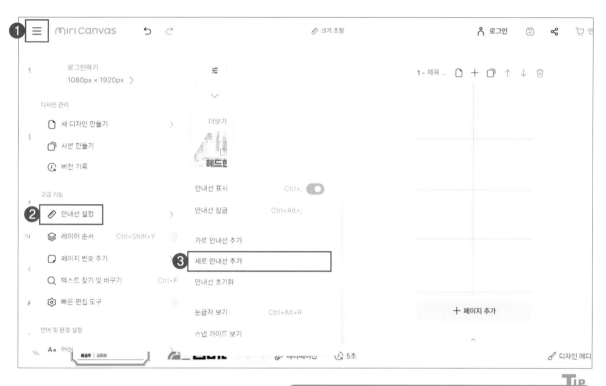

TIP
[안내선 초기화]를 클릭하면 화면에 표시된 안내선이 초기화됩니다.

06 화면을 70% 비율로 설정하여 작업 화면을 확대합니다. 도구에서 ᎒᎒[요소]를 클릭한 다음, [도형] 탭에서 기본 도형 테두리의 사각형을 클릭합니다.

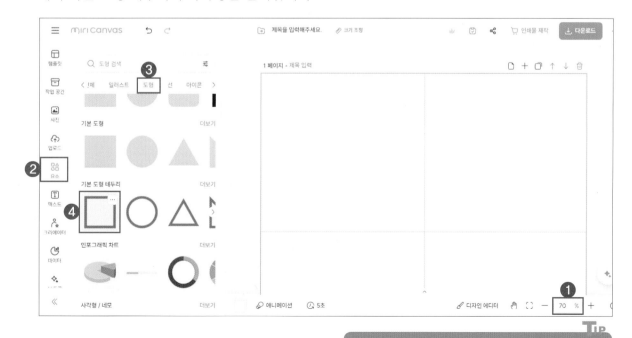

TIP
화면 확대 비율은 모니터 해상도에 따라 다를 수 있습니다.

07 테두리 사각형 도형을 화면 위로 이동시킨 다음, [도형] 창의 [속성] 탭에서 [외곽선]을 클릭하여 활성화한 후 색은 '#CA591B', 두께와 둥근 모서리 값은 각각 '40', 가로 크기는 '648'로 설정합니다.

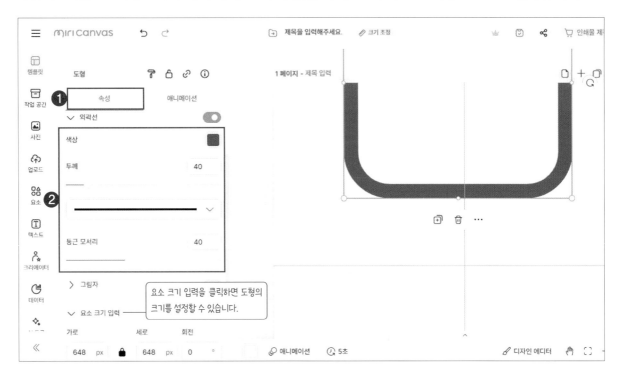

08 흰색 점선의 띠를 만들기 위해 빠른 편집 도구에서 ⊞[복제하기]를 클릭합니다. [도형] 창의 [속성] 탭에서 [외곽선]을 클릭한 다음, 테두리 색은 '흰색', 두께는 '3', 테두리 스타일은 점선으로 설정합니다.

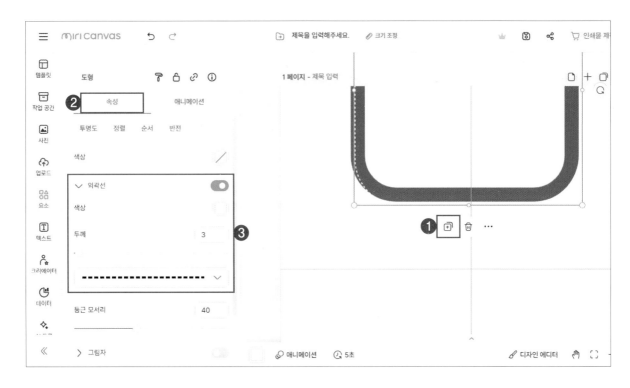

09 [요소 크기 입력]을 선택한 다음, 가로를 '624'로 설정하여 크기를 조절합니다. 그러면 흰색 점선 띠가 주황 테두리 안에 들어가 보기가 좋아집니다.

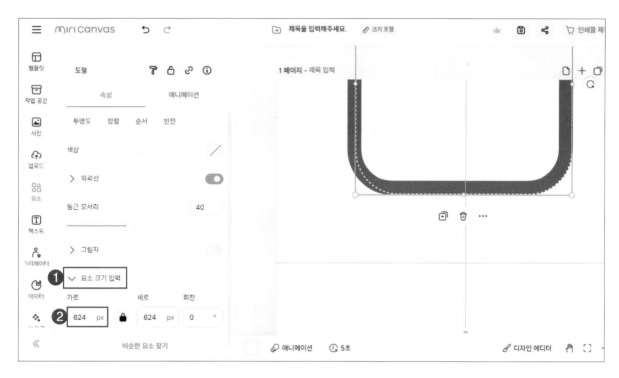

10 Shift 를 누른 상태에서 두 개의 도형을 모두 선택하고, [다중요소] 창의 [속성] 탭에서 [정렬]-[가운데]를 클릭합니다. 다시 [정렬]-[상단]을 클릭하여 다음과 같이 배치합니다.

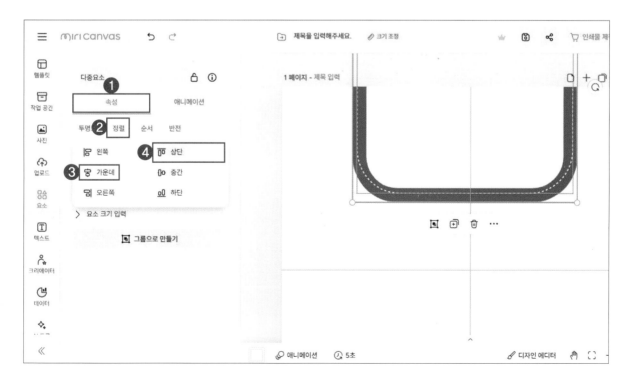

11 도구에서 Ⓣ[텍스트]를 클릭하여 제목을 입력한 후, 서식을 설정합니다. 텍스트를 선택한 다음, [텍스트] 창의 [속성] 탭에서 [정렬]-[가운데]를 클릭하여 텍스트를 페이지 세로 가운데에 위치시킵니다.

Tip
삽입한 텍스트는 페이지 세로 가운데에 삽입되므로, 내용을 입력한 후 화면 위로 이동시켜 배치합니다.

12 도구에서 ⬆[업로드]를 클릭하여 [업로드]를 선택합니다. [열기] 대화상자가 나타나면 다운받은 소스 파일의 'Section 07' 폴더에서 업로드 할 사진을 ￼Ctrl￼ 또는 ￼Shift￼를 누른 상태로 선택한 다음, [열기]를 클릭합니다.

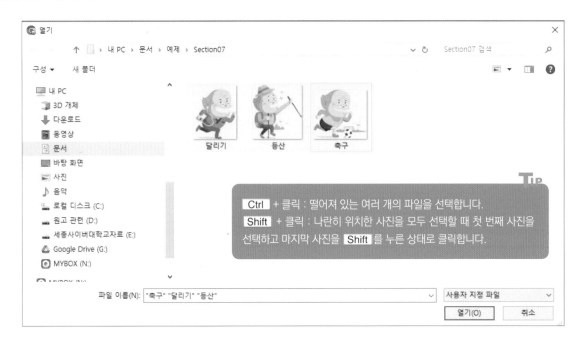

Tip
￼Ctrl￼ + 클릭 : 떨어져 있는 여러 개의 파일을 선택합니다.
￼Shift￼ + 클릭 : 나란히 위치한 사진을 모두 선택할 때 첫 번째 사진을 선택하고 마지막 사진을 ￼Shift￼를 누른 상태로 클릭합니다.

13 삽입된 사진의 크기를 조절하여 배치합니다. 오른쪽 사진을 선택한 다음, [사진] 창의 [속성] 탭에서 [반전]-[좌우 반전]을 클릭합니다.

TIP
사진을 선택한 다음, [속성] 탭에서 [반전]을 클릭하여 상하반전이나 좌우반전 시킬 수 있습니다.

14 도구에서 [T][텍스트]를 클릭하여 다음과 같이 내용을 입력하고 [속성] 탭에서 글꼴은 '나눔명조 ExtraBold', 크기는 '30'으로 설정합니다.

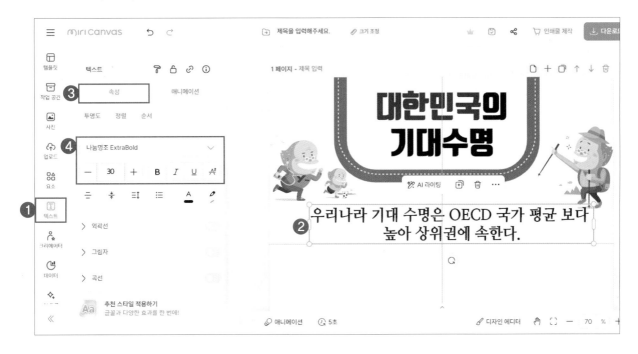

따라하기 02 도넛 차트 삽입하기

01 도넛 차트를 삽입하기 위해 도구에서 [[데이터]]를 클릭한 다음, [차트]의 [더보기]를 클릭합니다.

02 차트 디자인 화면에서 원하는 도넛 차트를 클릭하여 삽입합니다.

이동 막대를 아래로 드래그하면 더 많은 차트를 볼 수 있습니다.

03 [데이터 편집] 창에 다음과 같이 [B2] 셀에 "80.03", [B3] 셀에 "19.97"을 입력합니다. [A4] 셀에서 마우스 오른쪽 단추를 클릭하여 [1개 행 삭제]를 클릭하여 행을 삭제합니다.

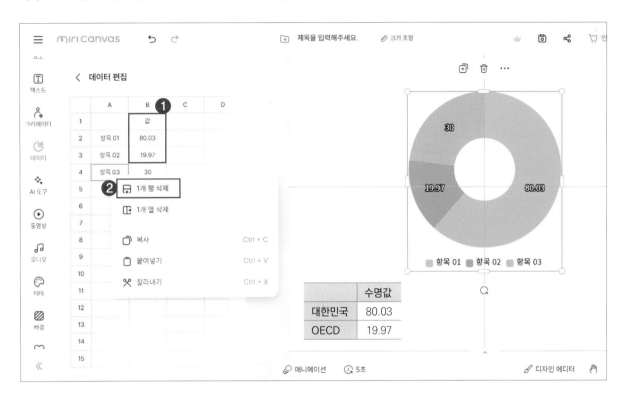

04 화면 빈 곳을 클릭하면 다음과 같이 도넛 차트가 만들어진 것을 확인할 수 있습니다.

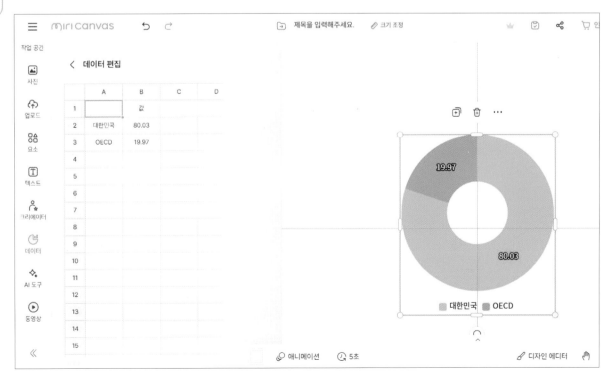

01 삽입한 차트를 다시 클릭하여 선택합니다. [차트] 창의 [속성] 탭에서 [차트 스타일]을 클릭하여 항목 1과 항목2의 색을 원하는 색으로 변경하고 도넛 구멍 크기를 "60%"로 설정합니다.

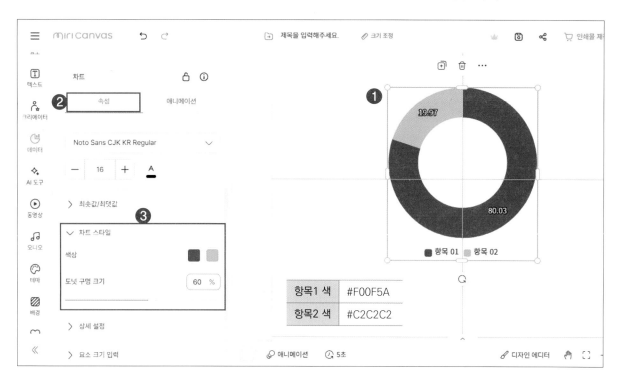

항목1 색	#F00F5A
항목2 색	#C2C2C2

02 이번에는 [상세 설정]을 클릭하여 범례에 ⊞ [없음]을 클릭하여 범례를 숨깁니다.

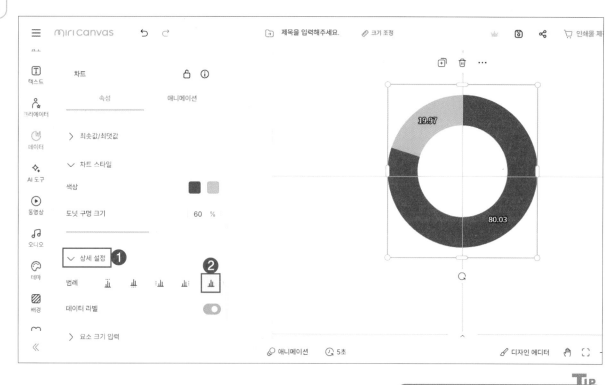

Tip
데이터 라벨 : 차트를 구성하는 각 요소의 값

03 차트의 크기를 조절한 후, 다음과 같이 이동시킵니다. 빠른 편집 도구에서 ⊞[복제하기]를 클릭하여 차트를 하나 더 복제합니다.

04 복제한 차트를 다음과 같이 이동시키고 데이터를 수정하기 위해 [차트] 창의 [속성] 탭에서 [데이터 편집]을 클릭합니다.

05 [B2] 셀에 '83.6', [B3] 셀에 '16.4'로 데이터를 수정하고 페이지 빈곳을 클릭합니다.

06 다시 차트를 선택합니다. [차트] 창의 [속성] 탭에서 [차트 스타일]을 클릭한 다음, '항목 1'의 ■ [색상] 단추를 클릭하여 차트색을 '#1187CF'로 변경합니다.

07 [텍스트]를 클릭하여 도넛 가운데에 다음과 같이 텍스트를 삽입합니다. 이어서 器[요소]를 클릭하여
사각형 도형과 텍스트를 다음과 같이 삽입합니다.

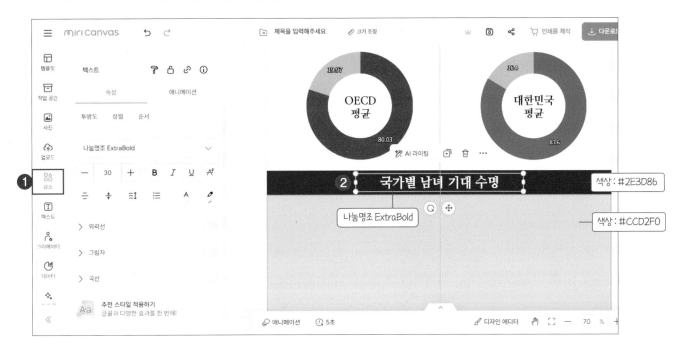

08 세로 막대 차트를 삽입하기 위해 도구에서 ⒞[데이터]를 클릭한 다음, [세로 막대 차트]를 클릭하여
삽입합니다.

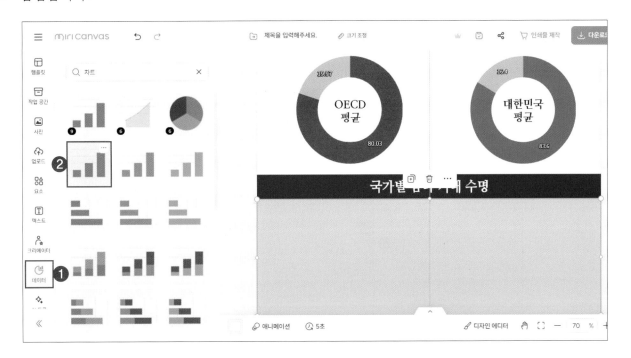

09 [데이터 편집] 창에 다음과 같이 데이터를 입력한 다음, 페이지 빈곳을 클릭합니다.

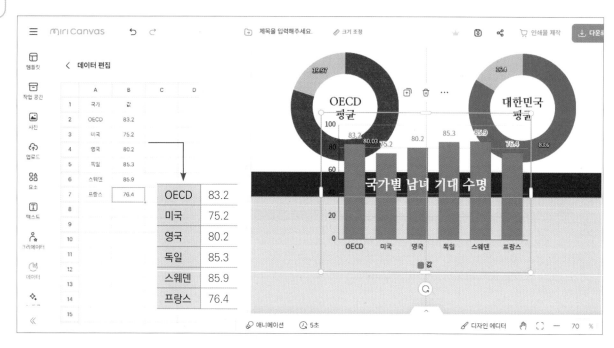

10 차트 크기를 조절하고, [속성] 탭에서 글꼴을 '12'로 설정합니다. 이어서 [막대 스타일]을 클릭하여 색상과 두께, 둥근 모서리를 설정합니다.

11 [상세 설정]을 클릭하여 범례는 ⅲ [없음]으로 선택하고, 눈금선을 클릭하여 비활성화시킵니다.

12 ☷[요소]를 클릭하여 [아이콘] 탭을 클릭합니다. 검색어를 '여자'로 입력하여 검색한 후, 다음과 같은 아이콘을 삽입합니다.

13 삽입한 아이콘의 크기를 적당히 조절하여 배치한 다음, [일러스트] 창의 [속성] 탭에서 색상과 그림자를 설정합니다.

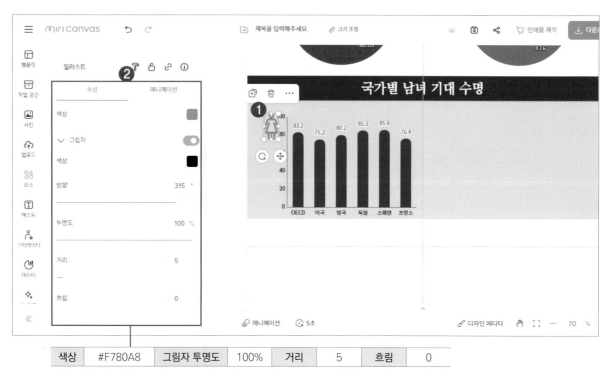

색상	#F780A8	그림자 투명도	100%	거리	5	흐림	0

14 세로 막대 차트를 복제하여 다음과 같이 이동시키고, [데이터 편집]을 클릭합니다.

15 데이터를 다음과 같이 수정한 다음, 페이지 빈곳을 클릭합니다.

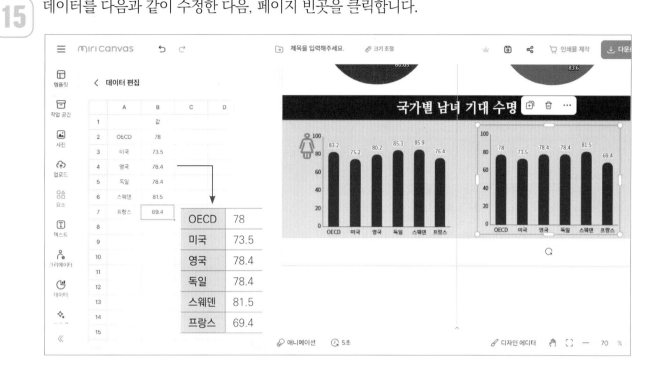

16 차트를 클릭한 다음, [차트] 창의 [속성] 탭에서 [막대 스타일]을 클릭하여 데이터 막대 색을 설정합니다.

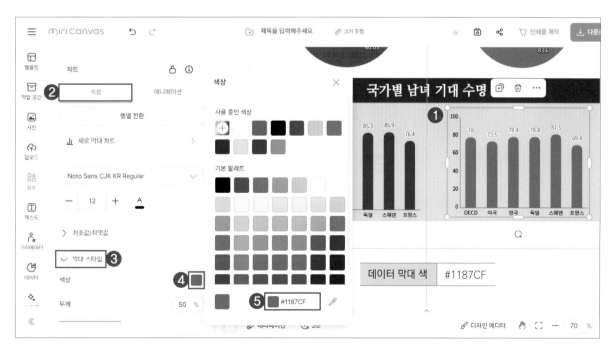

17 요소[요소]를 클릭하여 [아이콘] 탭에서 '남자'를 검색하여 아이콘을 삽입합니다.

18 아이콘의 크기를 적당히 조절하여 배치한 다음, [속성] 탭에서 색상과 그림자를 설정합니다.

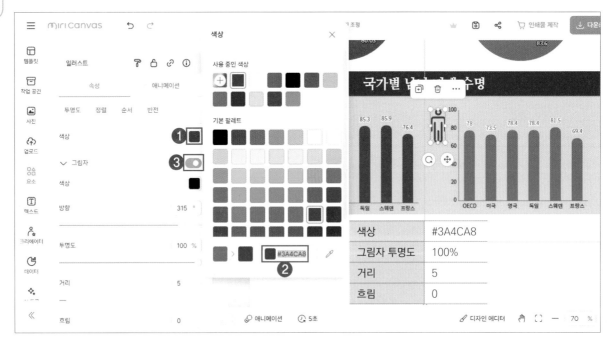

차트의 [속성] 탭 옵션은 삽입한 차트에 따라 다르게 나타납니다.

❶ 데이터 편집 : 데이터를 수정할 수 있습니다.

❷ 행열 전환: 데이터의 행과 열을 바꿉니다.

❸ 세로 막대 차트 : 삽입한 차트 이름이 표시되며, 차트를 다른 차트로 변경할 수 있습니다.

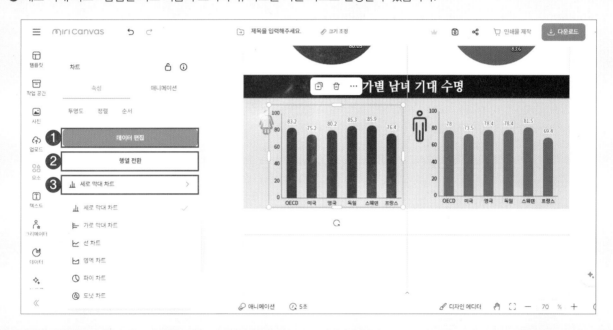

❹ 최솟값/최댓값 : 값 축의 최솟값과 최댓값을 설정할 수 있습니다.

❺ 막대 스타일 : 막대 색상, 두께, 둥근 모서리 값을 설정할 수 있습니다.

❻ 상세 설정 : 차트 요소(범례, 축, 눈금선, 축 라벨, 데이터 라벨)를 숨기거나 표시할 수 있습니다.

❼ 요소 크기 입력 : 차트의 크기를 설정할 수 있습니다.

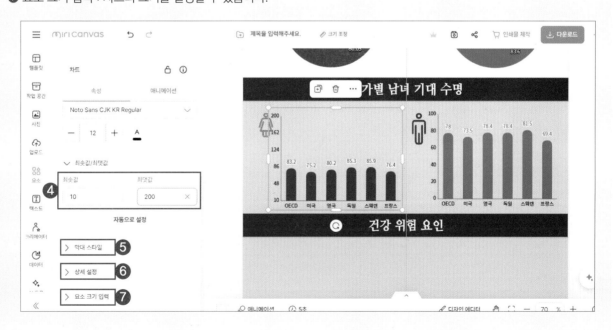

따라하기 04 스마트 오브젝트 삽입하기

01 다음과 같이 도형과 텍스트를 삽입합니다. 吕[요소]를 클릭한 다음, '>'를 클릭하여 요소 메뉴를 이동합니다.

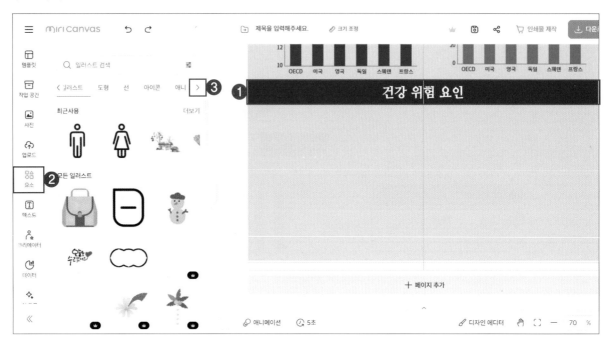

02 [조합] 탭에서 '약점'으로 검색하여 조합 도형을 삽입한 다음, 도형의 크기를 조절하여 다음과 같이 이동시킵니다.

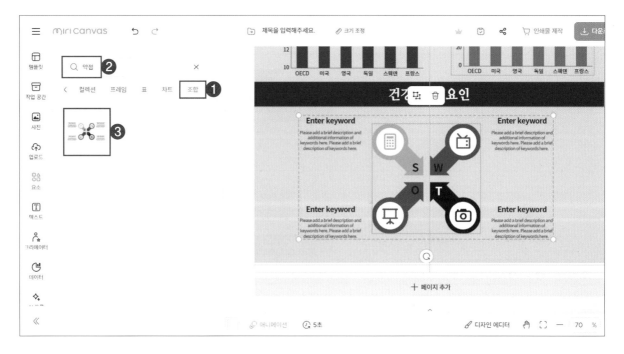

03 도형 안에 있는 4개의 이미지를 바꾸기 위해 조합 도형의 그룹을 해제해야 됩니다. 빠른 편집 도구에서 ⊞[그룹 해제]를 클릭하여 조합 도형의 그룹을 해제합니다.

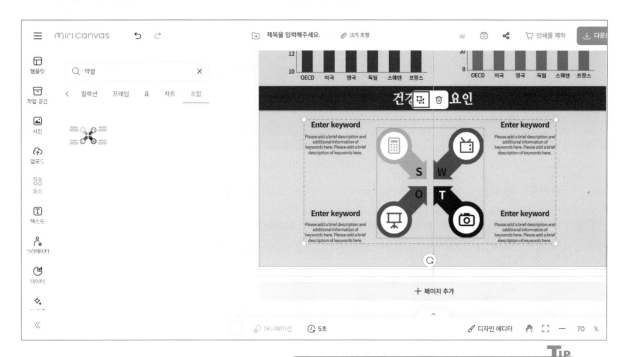

> **TIP**
> 조합 도형은 여러 개의 도형이 그룹으로 묶여 있어 도형을 편집하려면 먼저 그룹을 해제한 다음 편집하는 것이 쉽습니다.

04 그룹을 해제했지만 4개의 도형은 아직 하나의 그룹으로 묶여진 상태이므로 한 번 더 ⊞[그룹 해제]를 클릭하여 각 도형을 분리합니다.

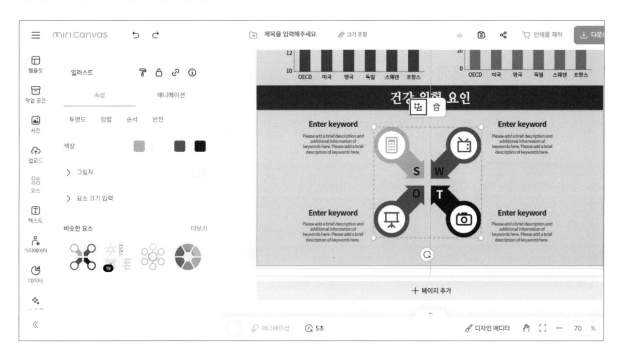

05 불필요한 요소를 선택하여 모두 삭제합니다. 도구에서 ㅁㅁ[요소]를 클릭하여 [일러스트] 탭의 검색란에 '음주'를 입력합니다.

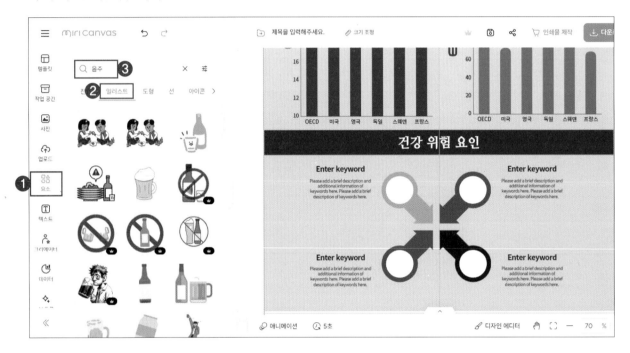

06 검색된 일러스트 이미지에서 원하는 이미지를 클릭하여 삽입하고, 크기를 조절하여 다음과 같이 이동시킵니다.

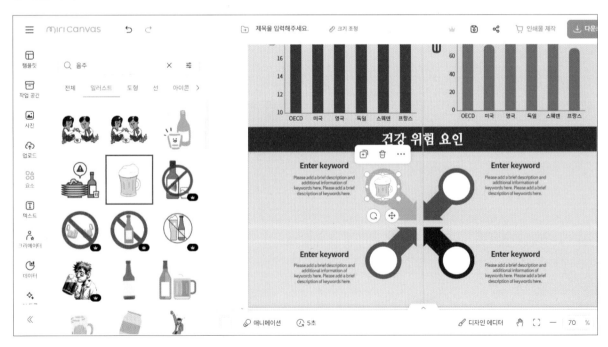

Tip 키보드의 방향키를 이용하여 선택한 요소의 위치를 조금씩 이동할 수 있습니다.

07 같은 방법으로 '흡연', '비만', '스트레스'로 일러스트를 검색하여 다음과 같이 삽입합니다.

08 키워드와 내용을 입력하고, 글꼴과 크기를 설정합니다. 조합 도형과 텍스트를 모두 선택한 다음, 빠른 도구에서 ⊞[그룹]을 클릭하여 하나로 묶습니다.

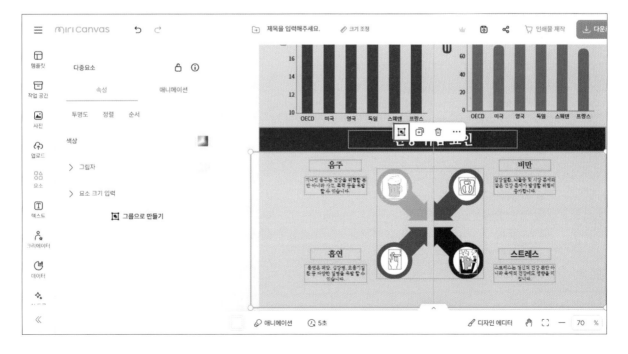

09 파일 이름을 '통계카드뉴스'로 설정합니다. 파워포인트 파일로 다운 받기 위해 [다운로드]를 클릭한 다음, 파일 형식을 'PPTX', PPTX 옵션은 '텍스트 편집 가능'으로 지정하고 [다운로드]를 클릭합니다.

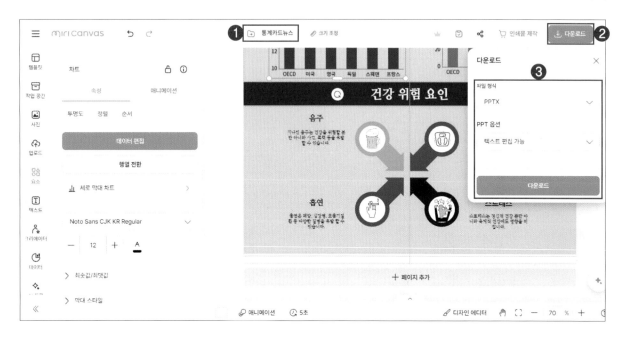

10 [다른 이름으로 저장] 대화상자에서 저장 위치를 확인한 다음, [저장]을 클릭합니다.

01

조합 도형과 표를 이용하여 다음과 같이 안내장을 만들어 보세요.

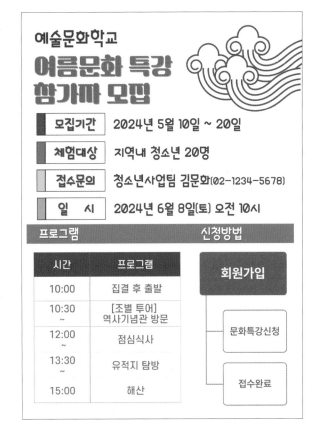

02

다음과 같이 텍스트와 도형을 이용하여 프레젠테이션의 표지를 만들어 보세요.

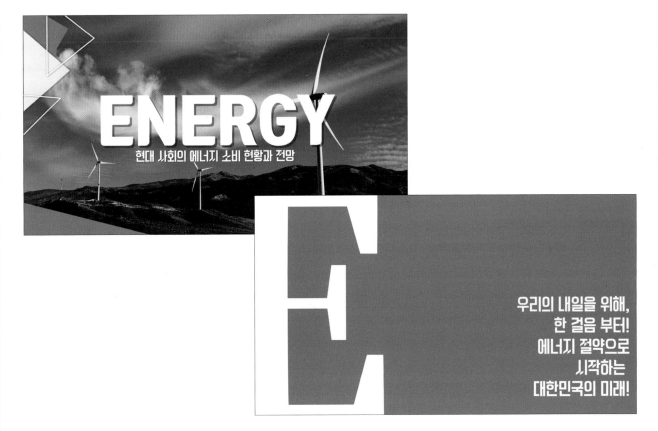

03

표와 차트를 이용하여 다음과 같이 이력서를 만들어 보세요.

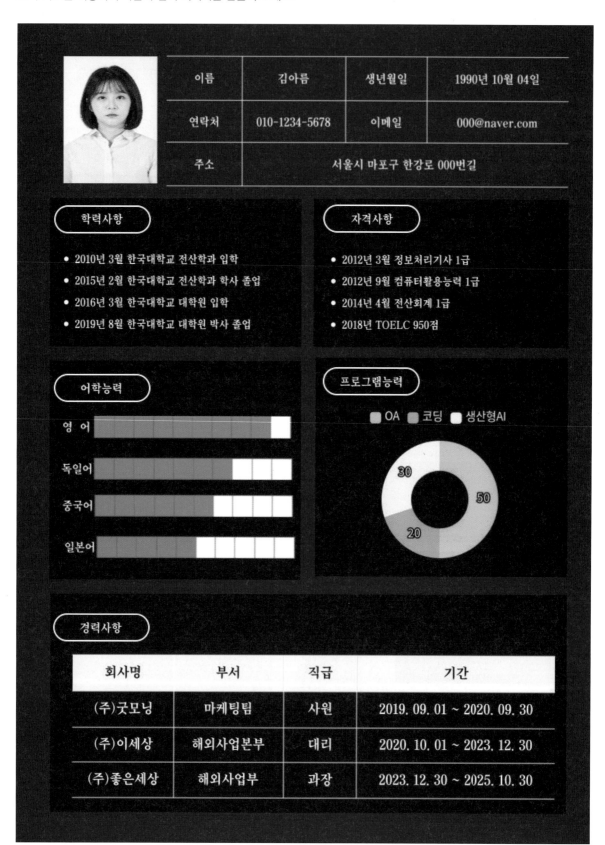

이름	김아름	생년월일	1990년 10월 04일
연락처	010-1234-5678	이메일	000@naver.com
주소	서울시 마포구 한강로 000번길		

학력사항

- 2010년 3월 한국대학교 전산학과 입학
- 2015년 2월 한국대학교 전산학과 학사 졸업
- 2016년 3월 한국대학교 대학원 입학
- 2019년 8월 한국대학교 대학원 박사 졸업

자격사항

- 2012년 3월 정보처리기사 1급
- 2012년 9월 컴퓨터활용능력 1급
- 2014년 4월 전산회계 1급
- 2018년 TOELC 950점

어학능력

영 어
독일어
중국어
일본어

프로그램능력

■OA ■코딩 ■생산형AI

30
50
20

경력사항

회사명	부서	직급	기간
(주)굿모닝	마케팅팀	사원	2019. 09. 01 ~ 2020. 09. 30
(주)이세상	해외사업본부	대리	2020. 10. 01 ~ 2023. 12. 30
(주)좋은세상	해외사업부	과장	2023. 12. 30 ~ 2025. 10. 30

04

페이지를 추가하여 세로 막대 차트와 도넛 차트를 삽입해 보세요.

에너지 소비 현황

전기, 가스, 기름 등 일상에서 사용하는 에너지의 소비가 증가하는 추세이며, 환경에 해로운
화석 연료 대신 재생 가능 에너지로의 전환 필요성이 커지고 있음

에너지경제연구원기준

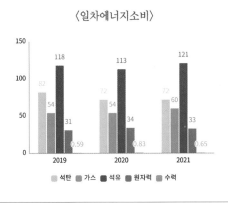

〈일차에너지소비〉

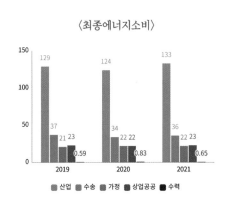

〈최종에너지소비〉

산업부문 에너지사용량 신고현황

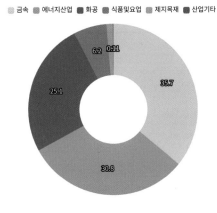

금속	35.7
에너지산업	30.8
화공	25.1
식품및요업	6.2
제지목재	1.2
산업기타	0.11

08 프레임으로 상세 페이지 꾸미기

페이지에 사진을 어떻게 배치할지 프레임으로 위치를 미리 정해두면 페이지 내용을 자연스럽게 정돈할 수 있으면서 보다 깔끔하게 보여줄 수 있습니다. 또한 페이지에서 강조할 내용을 애니메이션으로 돋보이게 할 수 있습니다.

Preview

 학습목표

프레임을 삽입할 수 있습니다.
애니메이션을 설정할 수 있습니다.
SNS에 완성된 작품을 공유할 수 있습니다.

상품구성

❶ 한 입 꿀 고구마 5kG **36,000**
❷ 한 입 꿀 고구마 10kG **50,000**

N 어기네 꿀 고구마 ▼

미리보는 부산

 부산이 궁금하다면...

Busan Trabel

01 워크스페이스 작업 화면에서 [내 디자인]을 클릭하여 '상품홍보'를 선택합니다.

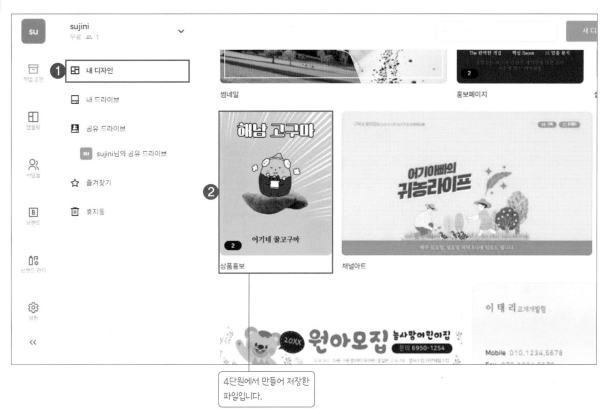

4단원에서 만들어 저장한 파일입니다.

02 '상품홍보' 페이지가 편집 화면에 나타나면 화면을 2페이지로 이동한 다음, [페이지 추가]를 클릭합니다.

03 📛[배경]을 클릭한 다음, [사진] 탭에서 [배경색] 단추를 클릭합니다. [색상] 창이 나타나면 배경색을 '#FEEFC5'로 설정합니다.

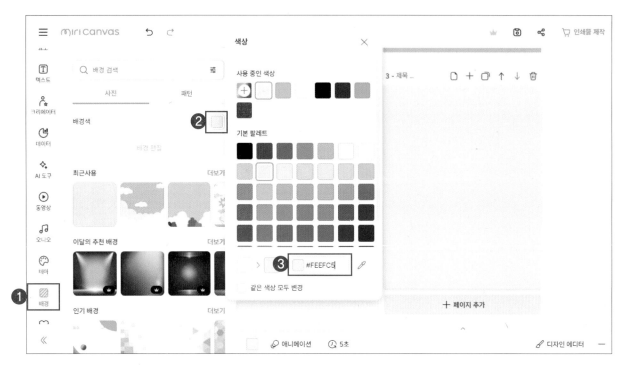

04 📛[요소]를 클릭하여 [도형] 탭에서 [기본 도형]의 '사각형'을 클릭하여 삽입합니다.

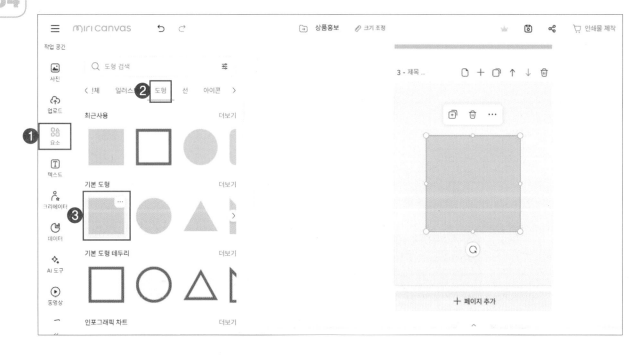

05 삽입된 사각형 도형을 클릭한 다음, [속성] 탭에서 ▢ [색상] 단추를 클릭하여 배경색을 설정합니다. [요소 크기 입력]을 클릭한 다음 🔒[가로 세로 비율 고정]을 눌러 해제한 후 가로는 '860', 세로는 '135'를 입력합니다.

가로와 세로의 비율을 각각 설정할 경우, 🔒[가로 세로 비율변경]을 해제해야 됩니다.

06 사각형 도형을 페이지 상단에 배치합니다. Ⓣ[텍스트]를 클릭하여 다음과 같이 내용을 입력하고 글꼴 서식을 설정합니다.

| 글꼴 | 카페24 써라운드 | 크기 | 60 | 글자색 | #FFFFFF | 외곽선 두께 | 12 |

[속성] 탭에서 [정렬]을 클릭하면 선택한 요소를 페이지 상하좌우에 배치할 수 있습니다.

07 [요소]를 클릭하여 [프레임]을 탭을 선택한 다음, 검색어를 '인스타'로 검색합니다. 검색된 프레임에서 다음과 같은 프레임을 클릭하여 삽입합니다.

08 삽입한 프레임의 크기를 조절하여 적당한 위치로 이동합니다. 같은 방법으로 2개의 프레임을 추가로 삽입하여 ⊙[회전] 핸들로 회전시켜 보기좋게 배치합니다.

09 ☁[업로드]를 클릭하여 [업로드]를 선택합니다. [열기] 대화상자가 나타나면 소스 자료의 'Section 08' 폴더에서 다음과 같이 고구마 사진을 선택하고 [열기]를 클릭합니다.

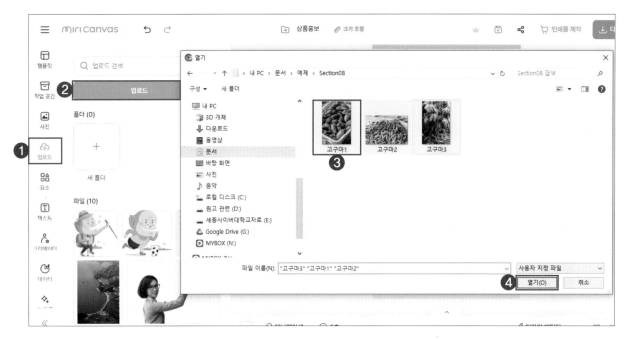

10 업로드된 사진을 프레임 위로 드래그하여 삽입합니다. 프레임에 삽입된 사진의 크기를 맞추기 위해 사진을 추가한 프레임을 더블클릭합니다.

TIP 사진이 마음에 안 드는 경우에는 프레임에 삽입된 사진을 선택한 다음, Delete 를 눌러 삭제할 수 있습니다.

11 프레임 편집 상태가 되면 사진의 위치를 조절하고 √[확인]을 클릭합니다.

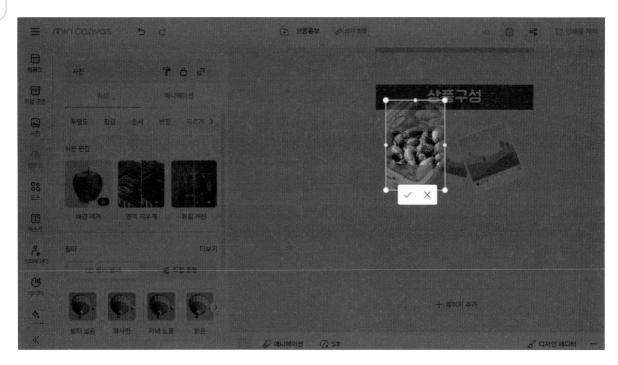

12 같은 방법으로 각 프레임에 사진을 삽입한 다음, T[텍스트]를 클릭하여 다음과 같이 내용을 입력하고 서식을 설정합니다.

| 글꼴 | 여기어때 잘난체 OTF | 크기 | 38 | 글자색 | #FFC221/#FFFFFF | 외곽선색 | #061D46 | 외곽선 두께 | 20 |

13 화면을 80%로 확대한 다음, ⊞[요소]를 클릭하여 [도형] 탭에서 '도트'를 검색합니다. 다음과 같이 도형을 삽입합니다.

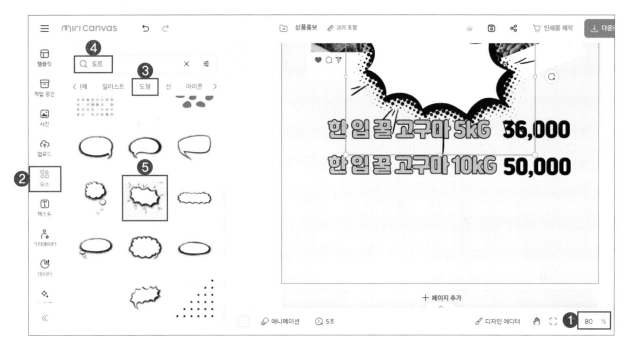

14 페이지에 삽입한 도트 도형을 선택한 다음, [속성] 탭에서 색상의 흰색 단추를 클릭합니다. 배경과 같은 색을 설정하기 위해 ✎[스포이드]를 클릭합니다.

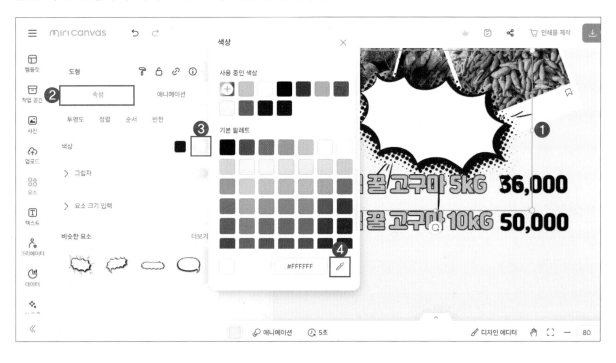

15 마우스 포인터가 스포이드로 바뀌면 배경을 클릭합니다.

16 도트 도형 위에 텍스트를 삽입하고 글꼴은 'Pacifico', 글자색은 '빨강', 굵게 속성을 설정합니다. ⊙ [회전]을 드래그하여 텍스트를 원하는 각도로 회전시킵니다.

Tip

Ctrl 을 누른 상태로 방향키[←, →]을 누르면 시계 방향 또는 시계 반대 방향으로 회전할 수 있습니다.

17 [Shift]를 누른 상태로 텍스트와 도트 도형을 모두 선택한 다음, 빠른 도구에서 ▣[그룹]을 클릭하여 하나의 그룹으로 합칩니다.

18 그룹으로 묶인 요소의 크기를 적당히 조절한 후, 다음과 같이 이동합니다. [속성] 탭에서 [순서]-[맨 뒤로]를 클릭하여 도형을 텍스트 뒤로 이동시킵니다.

19 [T][텍스트]를 클릭하여 [텍스트] 창의 [특수문자] 탭에서 [숫자]를 클릭합니다. '❶' 문자를 클릭하여 삽입합니다.

> **Tip**
> 화면을 확대한 상태에서 특수문자를 삽입하면 페이지 위쪽에 삽입됩니다.

20 같은 방법으로 숫자 원 문자를 삽입합니다. 숫자 원 문자 텍스트를 모두 선택한 후, [속성] 탭에서 글자 크기를 '40'으로 설정하고 다음과 같이 배치합니다.

01 **∷∷**[요소]를 클릭하여 도형과 텍스트를 다음과 같이 삽입한 후, 서식을 설정합니다. 삽입된 사각형을 클릭한 후 [속성] 탭에서 면색과 외곽선 두께, 색을 설정하고, 크기를 조절합니다.

	N	어기네 꿀 고구마
글꼴	Chunkfive Roman	조선굵은명조
글자색	#568A35	#64372C
크기	50	35

02 제목 텍스트를 선택한 다음, 🔗[링크]를 클릭합니다. 링크 단추를 활성화 한 후 연결할 사이트 주소를 입력하고 [적용]을 클릭합니다.

Tip
하이퍼링크가 설정된 텍스트에는 밑줄이 표시됩니다. [속성] 창에서
🅄(밑줄)을 클릭하여 텍스트에 표시된 밑줄을 취소할 수 있습니다.

따라하기 03 애니메이션 설정하기

01 텍스트를 선택한 다음, [애니메이션] 탭에서 [타자기]를 선택하여 글씨가 나타나는 애니메이션을 설정합니다.

02 ⌗[요소]를 클릭하여 [일러스트] 탭에서 '손가락'을 검색한 후, 다음과 같이 손가락 일러스트 이미지를 삽입합니다.

03 삽입한 손가락 일러스트 이미지를 클릭하여 선택한 다음, [비트맵] 창의 [속성] 탭에서 [반전]-[좌우 반전]을 클릭하여 손가락 이미지의 방향을 바꿉니다.

04 손가락 이미지를 선택한 후, [속성] 탭에서 [요소 크기 입력]을 클릭하여 가로는 '160', 회전은 '20'을 입력합니다.

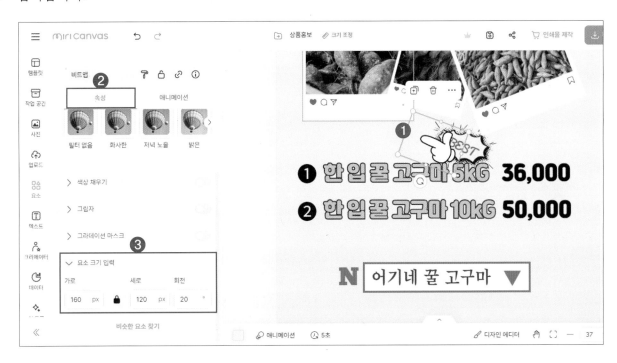

05 다음과 같은 위치로 이미지를 이동시킨 다음, [속성] 탭에서 [순서]-[맨 앞으로]를 클릭합니다.

06 [애니메이션] 탭을 클릭하여 [털어주기] 효과를 선택합니다.

[애니메이션 제거]를 클릭하면 적용한 애니메이션을 삭제할 수 있습니다.

■ 페이지 애니메이션 효과 설정하기

① 페이지 빈 곳을 선택한 다음, 편집 화면 아래 [애니메이션]을 클릭합니다. 이어서 적용할 애니메이션 효과를 선택합니다.

[모든 페이지에 적용]을 체크하면 모든 페이지에 같은 애니메이션이 설정됩니다.

② 페이지 재생 시간을 클릭하여 재생 시간을 설정합니다.

TIP

페이지 재생 시간은 최소 0.1초부터 최대 30초까지 설정할 수 있습니다.

Power Upgrade

③ [다운로드]를 클릭하여 파일 형식을 'MP4'로 지정하고 [다운로드]를 클릭하면 동영상 파일로 저장됩니다. 무료 회원인
경우 mp4 또는 GIF 파일 형식은 다운로드 횟수가 제한되어 있습니다.

Tip

MP4 : 최대 32페이지, 재생 시간을 최대 10분까지 설정하여 다운로드할 수 있습니다.
GIF : 최대 1페이지, 재생 시간을 최대 10초까지 설정하여 다운로드할 수 있습니다.

■ 슬라이드 쇼로 미리 보기

① [슬라이드 쇼]를 클릭하거나 …[더보기]-[슬라이드 쇼 보기]를 클릭하여 슬라이드 쇼를 실행할 수 있습니다.

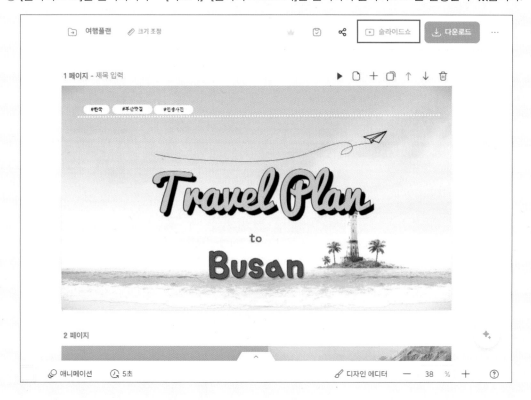

② 슬라이드 쇼가 실행되면 화면을 마우스로 클릭하여 다음 화면으로 이동합니다.

③ Esc 를 누르면 슬라이드 쇼가 중지됩니다.

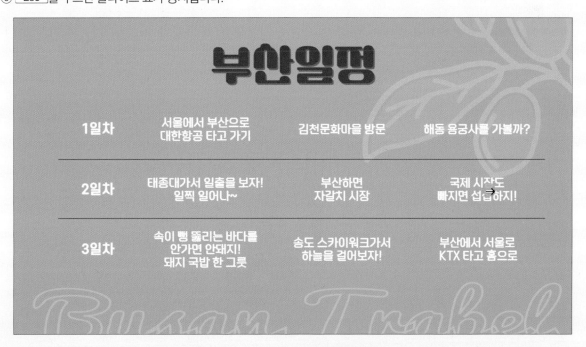

01 카카오톡으로 공유하기 위해 🔗[공유]를 클릭합니다. [웹 게시 및 공유] 창에서 [미리보기]를 클릭합니다.

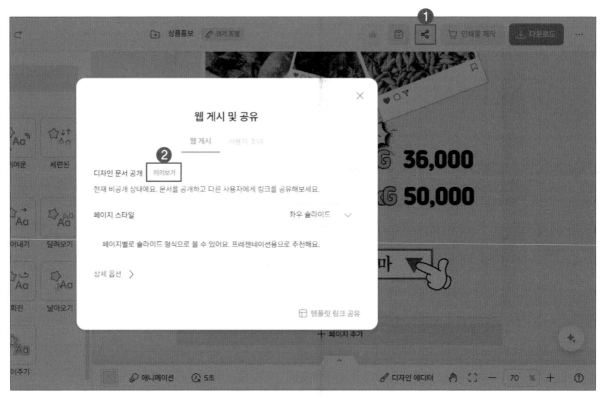

02 크롬 브라우저에서 미리캔버스 탭이 열리면서 상품홍보 페이지가 미리보기가 됩니다. 화면을 클릭합니다.

03 화면이 다음 페이지로 넘어가면서 완성된 내용을 확인할 수 있습니다.

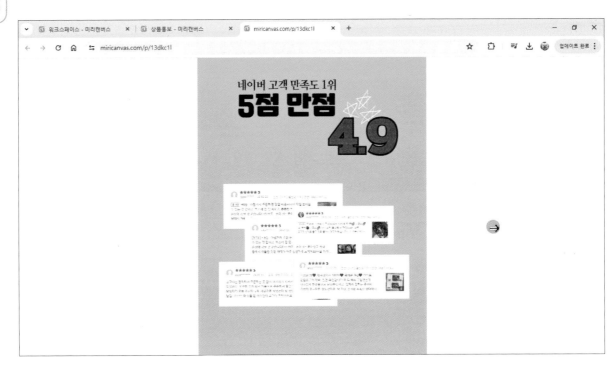

04 3페이지로 이동하면 텍스트에 애니메이션이 실행됩니다. 링크 위치를 마우스로 클릭합니다.

05 텍스트와 연결된 사이트로 이동되는 것을 확인할 수 있습니다. 열려있는 크롬 브라우저의 탭을 닫습니다.

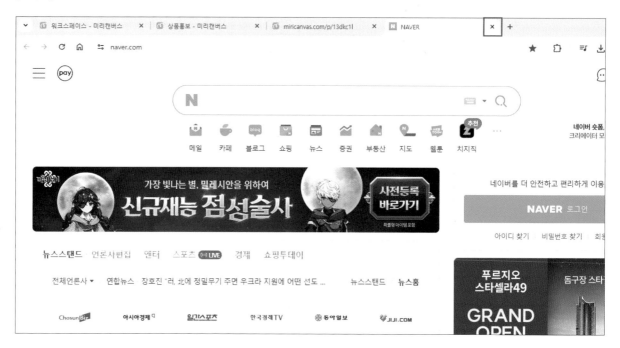

06 [디자인 문서 공개] 단추를 클릭하여 활성화한 다음, 페이지 스타일을 [상하 스크롤]로 지정한 후 ● [카카오톡]을 클릭합니다.

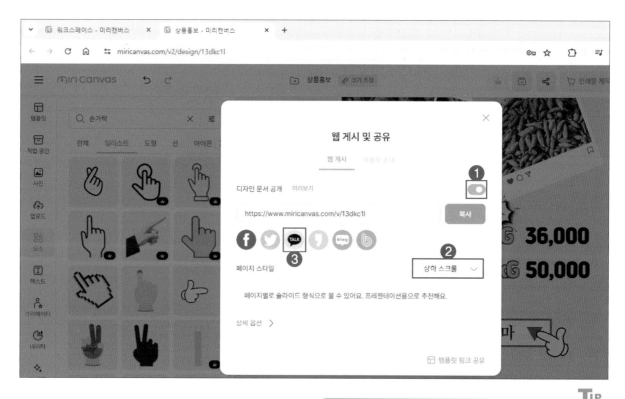

> **TIP**
> 페이지 스타일을 상하 스크롤로 설정하면 모든 페이지가 세로로
> 표시되어, 웹 상세페이지나 모바일용으로 추천합니다.

07 [카카오톡 공유] 창에서 공유할 친구를 선택한 후, [공유하기]를 클릭합니다.

08 공유 성공 화면이 나타나면 ✕[닫기]를 클릭합니다.

01

그림과 프레임을 이용하여 다음과 같이 썸네일을 만들어 보세요.

02

프레임과 애니메이션을 이용하여 여행Plan 4페이지를 만들어 보세요.

QR코드 : https://www.bto.or.kr/kor/Main.do
사진 : 여행1.jpg~여행3.jpg

03

여행 Plan 시작 페이지 제목에 '털어주기' 효과를 설정해 보세요.

04

여행Plan 완성 자료를 카카오톡으로 나에게 공유해 보세요.

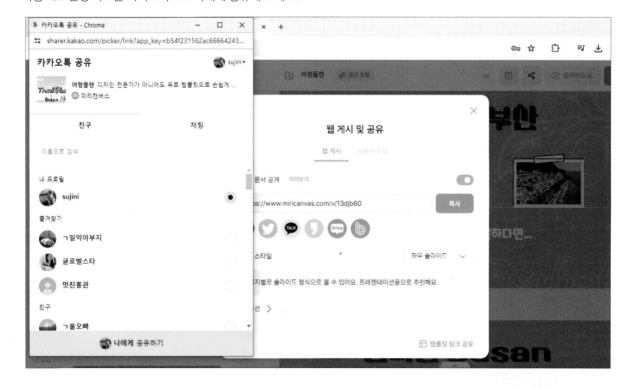

09 크리스마스 카드 만들기

디자인 콘텐츠의 매력을 한층 끌어올리는 동영상과 음악은, 단순한 페이지를 넘어 시청자를 깊은 몰입으로 이끄는 강력한 수단입니다. 동영상을 페이지 배경으로 적용하고 다양한 장르의 음악을 추가함으로써, 감각적이고 생동감 넘치는 분위기를 창조하고 시청자의 몰입을 극대화할 수 있습니다.

Preview

학습목표

동영상 파일을 페이지 배경으로 설정할 수 있습니다.
프레임에 동영상을 추가할 수 있습니다.
무료 음악을 배경음악으로 삽입할 수 있습니다.
페이지 분할을 활용하여 애니메이션을 설정할 수 있습니다.

따라하기 01 동영상 삽입하기

01 [새 디자인 만들기]를 클릭하여 [동영상] 탭에서 [유튜브]-[영상]을 클릭합니다.

02 ⊕[업로드]를 클릭한 다음, [업로드]를 클릭합니다. [열기] 대화상자가 나타나면 'Section 09' 폴더에서 '크리스마스.mov' 파일을 선택한 후 [열기]를 클릭합니다.

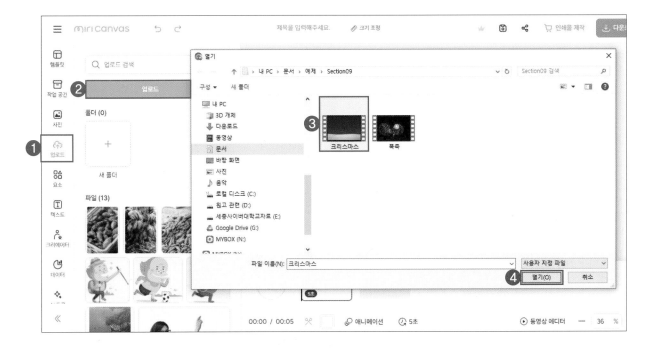

03 업로드된 동영상 파일을 클릭하여 페이지에 삽입합니다. 일단, 지금 삽입한 파일은 배경으로만 이용할 예정입니다. 빠른 편집 도구에서 ⋯ [더보기]를 클릭하여 [배경으로 만들기]를 선택합니다.

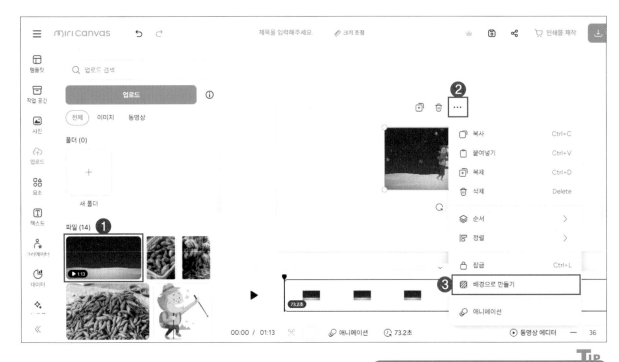

> **TIP**
> 삽입된 동영상에서 마우스 오른쪽 단추를 클릭하여 [배경으로 만들기]를 클릭해도 됩니다.

04 페이지 배경으로 확대되어 처리된 동영상을 클릭한 다음, [배경 편집]을 클릭합니다.

> **TIP**
> 배경 삭제하기
> 페이지 빈 곳에서 마우스 오른쪽 단추를 클릭하여 나타난 단축 메뉴에서 [배경 빼내기]를 클릭하면 동영상이 원본 상태로 변경되어 삭제할 수 있습니다.

05 이 동영상 파일은 1분 12초짜리로 너무 길므로 재생 구간을 앞에서부터 30초로 설정하기 위해 구간 자르기의 시간을 '30s'로 설정합니다.

재생 조절 단추를 이용해서도 동영상의 앞 부분 또는 뒷부분을 자를 수 있습니다.

TIP

재생 속도는 0.1배속부터 4배속까지 조절할 수 있습니다. 1배속보다 느리게 설정하면 슬로우 모션으로, 1배속보다 빠르게 설정하면 역동적으로 재생됩니다.

06 배경 화면으로만 이용할 것이므로 흐릿하게 처리하겠습니다. [동영상 배경] 창에서 [투명도]를 클릭한 후 '40%'로 설정하여 배경을 흐릿하게 보이게 만들어 줍니다.

07 ✥[요소]를 클릭한 후, [프레임] 탭을 클릭하여 [목업 프레임]의 [더보기]를 클릭합니다.

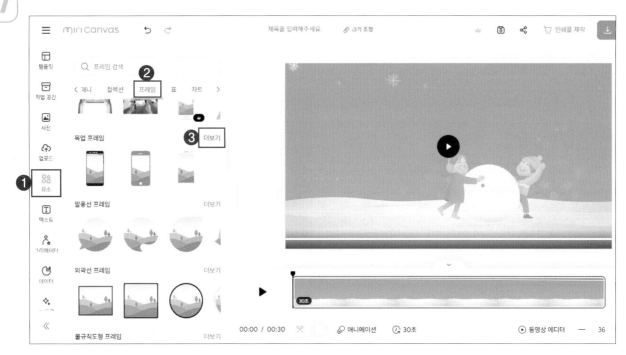

08 목록 프레임 스타일에서 다음과 같이 프레임을 삽입한 후, 프레임 크기를 조절합니다.

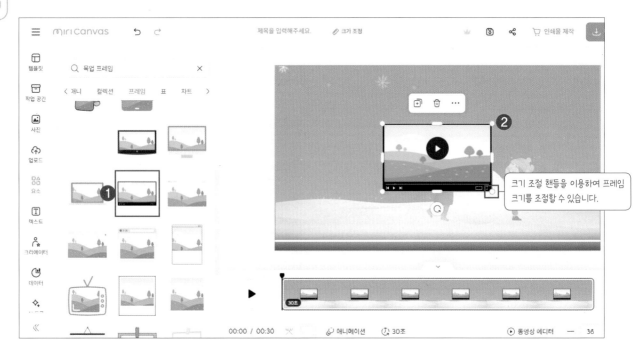

09 ⊕[업로드]를 클릭하면 따라하기 03번에서 삽입했던 '크리스마스.mov' 파일이 보입니다. 이 파일을 프레임 위로 드래그하여 삽입해 줍니다. 그러면 아래 10번처럼 자동으로 프레임에 맞게 삽입되어 처리됩니다.

반드시 드래그해야지, 단지 클릭만 하여 삽입하면 프레임에 맞게 삽입되지 않습니다.

10 마찬가지로 이 파일도 재생 시간을 줄이기 위해 프레임에 삽입된 동영상을 클릭하여 [속성] 탭에서 구간 자르기 시간을 배경과 같은 '30s'로 설정합니다.

구간 자르기 : 동영상의 재생 시간을 줄일 수 있습니다. 동영상의 시작과 끝 지점에 세로 막대를 드래그하여 동영상이 시작되는 위치와 끝나는 위치를 조절할 수 있을 뿐만 아니라 재생 시간도 조절할 수 있습니다.

도구에서 ⊙(동영상)을 클릭한 다음, [동영상] 탭에서 미리캔버스에서 제공하는 다양한 장르의 동영상을 삽입할 수 있습니다.

[유튜브] 탭에서는 유튜브 동영상 URL을 입력하여 손쉽게 동영상을 추가할 수 있습니다.

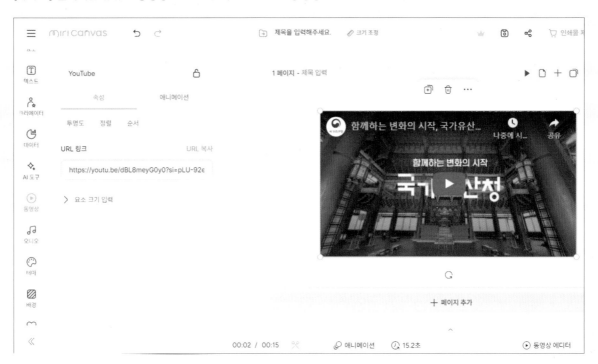

따라하기 02 오디오 삽입하기

01 앞에서 삽입한 동영상 파일에 음악을 입혀보겠습니다. 타임라인의 재생 막대를 맨 앞으로 이동시킨 다음, ♫[오디오]를 클릭합니다. 배경음 검색란에 '징글벨'을 입력하여 검색한 후, 검색된 '징글벨' 음악을 클릭하여 음악을 들어봅니다. 마음에 들면 드래그하여 파일에 삽입해 줍니다.

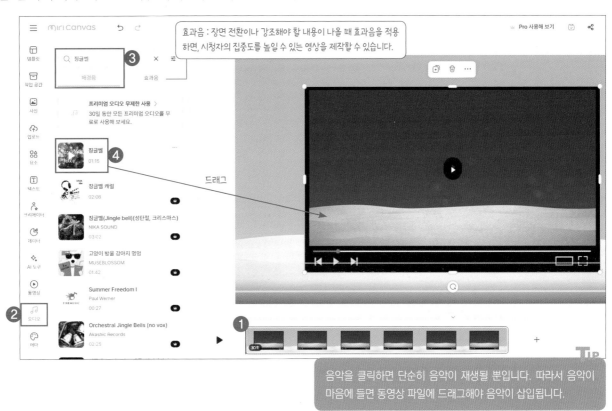

> 음악을 클릭하면 단순히 음악이 재생될 뿐입니다. 따라서 음악이 마음에 들면 동영상 파일에 드래그해야 음악이 삽입됩니다.

02 삽입된 음악은 처음부터 30초까지만 잘려져 재생되고 있는데, 이를 임의로 조절할 수 있습니다. ‖ [일시 정지]를 클릭하여 중지한 후, 구간 자르기의 왼쪽 시작 위치의 세로 막대를 오른쪽으로 드래그하여 전주 부분의 구간을 자릅니다.

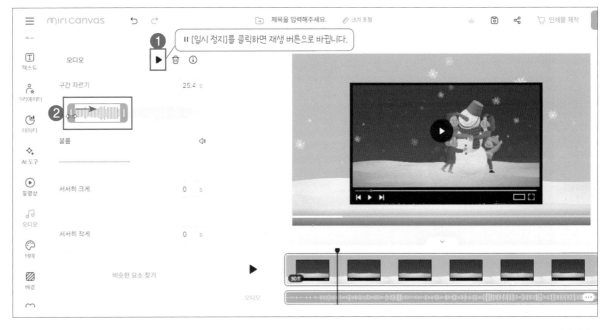

03 재생 시간이 줄어들었으므로 다시 '30s'로 수정하면 잘라진 시점부터 30초 구간으로 재조정됩니다. 시작 부분과 끝나는 부분의 소리를 자연스럽게 설정하기 위해 서서히 크게와 서서히 작게 값을 각각 '1초로' 설정합니다.

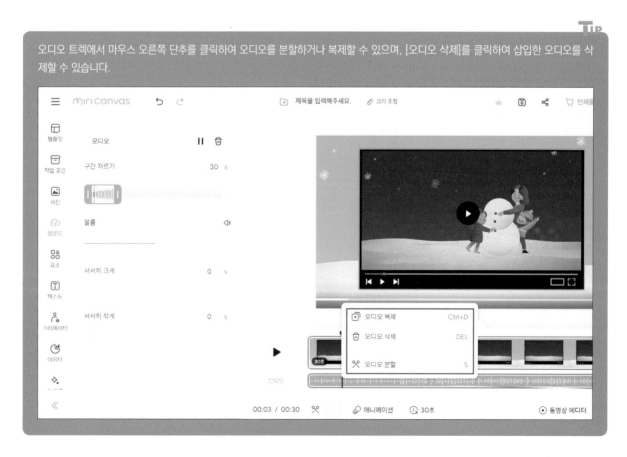

오디오 트랙에서 마우스 오른쪽 단추를 클릭하여 오디오를 분할하거나 복제할 수 있으며, [오디오 삭제]를 클릭하여 삽입한 오디오를 삭제할 수 있습니다.

01 재생 후 5초가 되었을 때 글자가 나타나도록 해보겠습니다. 영상 트랙에서 재생 막대를 5초로 이동 시킨 다음, 마우스 오른쪽 단추를 클릭하여 [페이지 분할]을 클릭하여 영상을 두 개로 분할합니다.

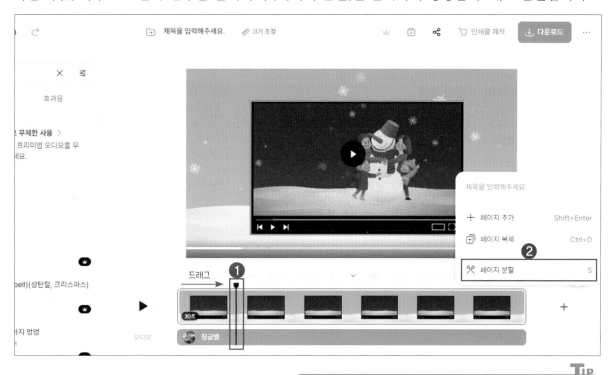

재생 막대를 드래그하면 재생 위치의 시간이 막대 위에 표시됩니다.

02 [T][텍스트]를 클릭하여 [제목 텍스트 추가]를 클릭한 다음, 'Merry Christmas'를 입력합니다.

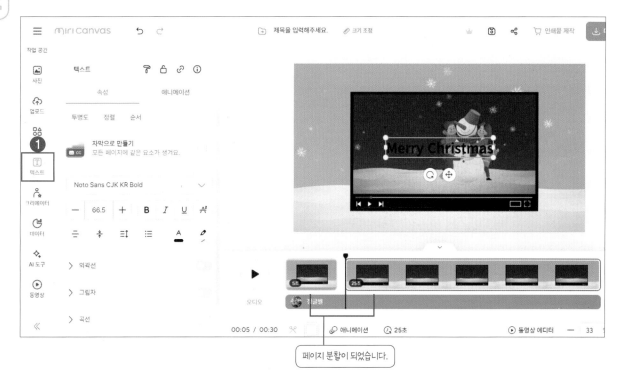

페이지 분할이 되었습니다.

03 [속성] 탭에서 글꼴은 'Arima-Bold' 크기는 '80', 색은 '흰색', 외곽선을 클릭하여 색상은 '검정', 두께는 '20'으로 설정합니다.

04 ☰|[글자 조정]을 클릭하여 행간을 '0.8'로 설정하여 줄간격을 설정한 다음, 텍스트 상자의 크기를 조절하여 다음과 같은 위치로 이동합니다.

05 텍스트 상자가 선택되어 있는 상태에서 [애니메이션] 탭의 [날아오기]를 클릭한 다음, 재생 막대를 맨 앞으로 이동한 후, ▶[재생]을 클릭해 결과를 확인합니다.

06 11초가 지난 시점에서 다시 글자 효과를 만들기로 합니다. 다시 재생 막대를 11초로 이동시킨 다음, 마우스 오른쪽 단추를 클릭하여 [페이지 분할]을 클릭합니다.

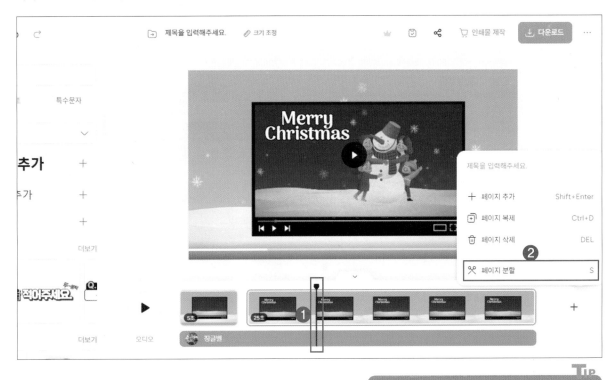

단축기 **S** 를 눌러 동영상을 분할 할 수 있습니다.

07 Ⓣ[텍스트]를 클릭하여 크리스마스 카드 내용을 입력하고 [속성] 탭에서 글꼴은 '학교안심 꽈배기 R'
크기는 '50', 색상은 '노랑(#FDF505)'으로 설정합니다.

08 [애니메이션] 탭의 [튀기기] 애니메이션을 클릭하여 통통 튀기는 효과의 애니메이션을 설정합니다.

TIP

애니메이션 제거 : [애니메이션] 탭에서 [애니메이션
제거]를 클릭합니다.

09 타임라인의 재생 막대를 맨 앞으로 이동시킨 후, ▶[재생]을 눌러 결과를 확인합니다.

10 파일 이름을 '크리스마스카드'로 입력하고 [다운로드]를 클릭한 다음, 파일 형식을 'MP4', 페이지 선택은 '모든 페이지'로 지정하고 [다운로드]를 클릭합니다.

TIP
MP4 형식의 파일은 최대 1920×1920px, GIF 파일은 1080×1080px 크기로 작성되어야 합니다. 만약 최대 크기보다 큰 화면으로 작성한 문서는 자동으로 사이즈가 변환되어 제작됩니다. 무료 회원은 다운로드 횟수에 제한을 받습니다.

01

동영상 파일을 업로드하여 다음과 같이 쇼츠 영상을 만들어 보세요.

02

'여행'으로 오디오를 검색하여 '신나는하루02' 음악을 삽입하고, 서시히 크게와 서서히 작게 효과를 설정해 보세요.

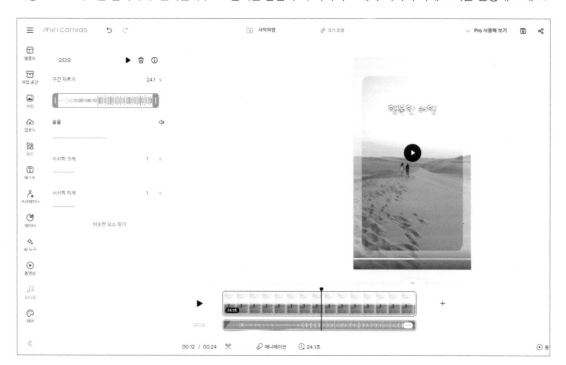

03

'여행Plan'을 불러와 페이지를 추가하여 동영상이 하나씩 나타나도록 애니메이션을 설정해 보세요.

삽입 동영상

놀이.mp4, 풍경.mp4, 음식.mp4

04

댄스 장르의 음악을 배경 음악으로 삽입하고, 전체 음악 재생 시간을 조절해 보세요.

10 AI 도구를 활용히여 디자인하기

AI 드로잉 도구와 글 생성 기능을 활용하면 창의적인 디자인을 할 수 있습니다. 독창적인 아이디어를 텍스트로 입력하면 AI는 이를 분석하고 이해하여 그에 맞는 새로운 이미지를 생성할 뿐만 아니라 긴 설명이나 복잡한 내용을 간결하고 명확하게 요약하여 디자인에 적합한 내용으로 변환시켜 글의 완성도를 높일 수 있습니다.

학습목표

AI 드로잉으로 원하는 이미지를 생성할 수 있습니다.
글감 생성으로 긴 설명이나 내용을 간결하게 요약할 수 있습니다.

따라하기 01 AI로 글 생성하기

01 [새 디자인 만들기]를 클릭하여 [인쇄용] 탭에서 [인쇄 규격 사이즈]-[A4]를 클릭합니다.

02 [AI로 디자인 시작하기]를 클릭합니다.

03 먼저 제목을 만들어보기로 합니다. [AI] 창에서 [AI 라이팅]을 클릭합니다.

04 [AI 라이팅] 창에 작성하려는 문구에 대해 5개 단어를 포함한 문장을 입력합니다. 여기서는 '바다 위에 아름답게 펼쳐지는 불꽃 축제 홍보 제목 5개 만들어줘'로 입력하고 [생성]을 클릭합니다.

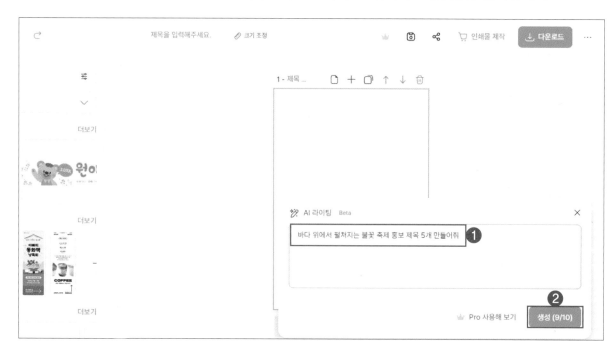

Tip
[예시 사용]을 클릭하면 랜덤으로 예시가 표시되므로 참고하기에 유용합니다.

05 주어진 문구를 참고하여 AI가 자동으로 만든 5가지의 홍보 축제 제목이 생성되면 원하는 제목을 제외하고 나머지는 삭제합니다.

06 텍스트 상자를 선택한 다음 글꼴은 '카페24 써라운드', 크기는 '35', 곡선을 클릭하여 위로 휘어지는 곡선을 선택하고, 너비를 적당히 조절합니다. 다시 [AI]를 클릭합니다.

07 이번에는 홍보 문구를 생성하기 위해 [AI] 창에서 [AI 라이팅]을 클릭합니다.

08 "바다 위에서 아릅답게 펼쳐지는 불꽃 축제 홍보 내용을 만들어줘"를 입력하고 [생성]을 클릭합니다.

09 AI가 만든 홍보 문구가 나타나면 적절하게 조절하여 원하는 문구로 만듭니다. 이때 조절한 문구가 너무 길다고 생각하면 빠른 편집 도구에서 [AI 라이팅]을 클릭하여 [요약하기]를 클릭하면 요약된 문장을 보여줍니다.

10 문장을 좀 더 자연스럽게 표현하고 싶으면 문장을 클릭한 후, [AI 라이팅]을 클릭하여 [친근하게]를 클릭합니다.

TIP

생성된 글이 길면 다시 [Ai 라이팅]을 클릭하여 [요약하기]를 클릭하면 내용을 좀 더 요약해 줍니다.

11 생성된 글을 수정하여 홍보물에 사용한 문구를 완성합니다. 이어서 제목 텍스트를 삽입합니다.

12 제목 글꼴은 '카페24 써라운드', 글꼴 크기는 '65pt'로 설정하고 원하는 위치로 이동합니다. 이어서, 다음과 같이 추가내용을 입력한 후, 글꼴 서식을 설정하여 완성합니다.

Tip

AI 프레젠테이션 생성 : 프레젠테이션의 주제와 슬라이드 수를 선택하면 생성된 슬라이드의 순서와 내용을 편집하고, 템플릿을 설정하여 빠르게 프레젠테이션을 만들 수 있습니다.
AI 라이팅 : 생성된 글을 요약하거나 친근감 있게 수정할 수 있을 뿐만 아니라, 맞춤법 검사도 할 수 있습니다.

01 이번에는 AI 도구로 배경을 만들기 위해 도구에서 ✧[AI 도구]를 클릭하여 [배경 만들기]를 클릭합니다.

> **Tip** AI 드로잉, AI 포토, 일러스트 만들기, 로고 만들기, 흑백사진 컬러 복원, 캐리커쳐 만들기, 명화 따라그리기, 캐릭터 만들기 등 다양한 형태의 AI 이미지를 생성할 수 있습니다.

02 그림 스타일이 '애니메이션 배경'으로 선택되어 있으면 이미지 묘사에 생성하고 싶은 이미지 설명을 '불꽃이 아름답게 터지는 바다의 도시'로 입력하고 [생성]을 클릭합니다.

> **Tip** 스타일이 애니메이션 배경이 아닌 경우 [스타일] 단추를 클릭하여 [애니메이션 배경]을 클릭합니다.

03 애니메이션 이미지가 생성되면 원하는 이미지를 클릭하여 페이지에 삽입합니다.

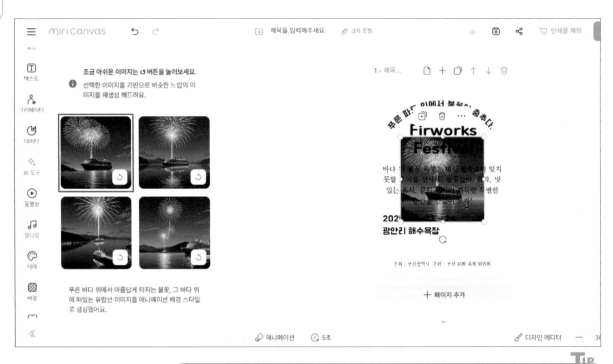

> **TIP**
> 무료 회원은 100 크레딧이 제공되며, AI 드로잉 이미지를 생성할 때마다 크레딧이 차감되고, 크레딧은 하루에 100개씩 충전됩니다. 크레딧 제공은 미리캔버스 운영 정책에 따라 변경될 수 있습니다. ◎[다시 생성]을 클릭하면 비슷한 이미지가 생성되면서 크레딧도 차감이 됩니다.

04 삽입된 이미지를 배경으로 설정하기 위해 이미지에서 마우스 오른쪽 단추를 클릭하여 나타난 단축 메뉴에서 [배경으로 만들기]를 클릭합니다.

05 AI로 생성한 이미지가 페이지 배경으로 설정된 것을 확인할 수 있습니다. 내용이 잘 보이도록 글자 색을 설정하여 완성합니다.

AI 이미지 묘사는 표현하고 싶은 이미지를 구체적으로 작성하는 것이 좋습니다. 즉, 표현하고 싶은 이미지를 묘사한 내용을 입력하는 것이 좋습니다.
예시 문구 : "봄꽃이 화려하게 핀 들판에서 아름답게 물이 흐르는 연못에 여유롭게 대나무를 먹는 귀여운 판다"

[AI 포토] [플랫 일러스트] [3D 매트] [디테일 일러스트]

[수채화] [일러스트 캐릭터] [일러스트 애니메이션] [사실적인 일러스트]

페이지에 삽입한 AI 이미지는 도구에서 ⊕[업로드]를 클릭하면 저장된 것을 확인할 수 있습니다. AI 이미지의 ⋯[더보기]를 클릭하여 [원본 다운로드]를 클릭하면 내 컴퓨터에 이미지를 저장할 수도 있습니다.

01

펫숍 신장 개업 안내 문구를 글감 생성으로 만들어 요약해보고, 디자인을 꾸며보세요.

"
귀염둥이 펫과 함께
우리 펫숍에서 만나요!

건강한 간식부터 멋진 악세서리까지
다양한 상품을 만나보실 수 있으며,
전문적인 돌봄 서비스와 친절한 상담도 제공됩니다.
더 많은 정보는 전화로 문의해주세요. 감사합니다.

02

'강아지'를 주제로 이미지를 AI로 생성하여 프레임에 삽입하여 꾸며보세요.

"
귀염둥이 펫과 함께
우리 펫숍에서 만나요!

건강한 간식부터 멋진 악세서리까지
다양한 상품을 만나보실 수 있으며,
전문적인 돌봄 서비스와 친절한 상담도 제공됩니다.
더 많은 정보는 전화로 문의해주세요. 감사합니다.

☎ 010-1234-5678

원리 쏙쏙 IT 실전 워크북 36
미리캔버스로 나만의 콘텐츠 디자인하기

2024년 9월 10일 초판 인쇄
2024년 9월 20일 초판 발행

펴낸이 | 김정철
펴낸곳 | 아티오
지은이 | 김수진
마케팅 | 강원경
편 집 | 김지영
전 화 | 031-983-4092~3
팩 스 | 031-696-5780
등 록 | 2013년 2월 22일
정 가 | 17,000원
주 소 | 경기도 고양시 일산동구 후수로 336 (브라운스톤, 백석동)
홈페이지 | www.atio.co.kr